子ども に

おもしろすぎて
会いたくなる

学級経営
図解

森岡健太 著

明治図書

その２つ……どちらが大切？

　とある職員会議にて，話し合いが熱を帯びてきました。議題は「子どもたちが名札をつけるために大切なことは何か？」というものです。少し解説します。以前勤務していた学校では，「子どもたちは登校したら，教室で保管している名札を胸元につける」というルールがあったのです。なぜ議題に上がってきたかというと，名札をつけ忘れる子や，服に穴が空くのが嫌でつけない子が多数いたからです。

　そこで，次のような意見が出てきました。
① 「朝の健康観察のときに，担任が必ずつけているかどうかチェックして，名札をつけることを徹底すればいい」
② 「名札をつけるのが嫌だという子がいるので，そもそも名札をなくせばよい。わかりやすく上履きに名前を書けばいいじゃないか」
③ 「なくすのはダメだ。教職員がもっと一丸となって，名札をつけていない子には，クラスや学年関係なく声かけをしていき，名札をつける必要があるという意識を高めることが大切！」

　読者のみなさんは，どの意見に共感しましたか。私はこれらの意見が出たときに悩みました。
　①に関しては，私はすでにやっていました。ですが，それが徹底できていないから議題にあがってきたと思うのです。（私も朝のチェックが漏れるときがありました）
　②に関しては，なかなかよい案だと思いました。「名札をつけられないならなくしてしまえばよい」というのは逆転の発想ですね。それで，困らないならばなくしてしまうのも１つの手です。ただし，反対意見として，「上履

きに名前が書いてあったとしても運動場では名前がわからないのでは？ 運動場で大きなケガをしたときにパッと名前がわからないのは困るのでは？」という意見が出てきて，また悩みました。

　③に関しては，大切なことだと思いました。教職員みんなが指導の方針を同じ方向に向ける。これが，徹底されると学校全体で「名札はつけなくてはならないもの」という意識が定着しそうです。でも，はたしてうまくいくのか。それでうまくいくのならばそもそも議題になっていないのではとも思いました。

　この後も，議題に対して熱い意見が飛び交っていました。最終的に「②か③か，どっちが大切なの？」という論調になりヒートアップ。私は，悩んでいたので，なんとも言えずに成り行きを静観していました。

　この会議が終わった後も，私の中のモヤモヤは続いていました。「どちらが大切なんだろう……」と。

　でも，冷静に考えて気づきました。「この２つの主張を二項対立にすることがおかしなことなのではないか」と。

　考えてもみてください。②は「仕組み」を変えることを主張しています。一方で，③は教職員の「意識」を変えることを主張しています。この２つは本当にどちらか１つしか変えられないのでしょうか。いえ，そんなことはないはずです。「仕組み」と「意識」，このように分けて考えると，どちらも変えられるということに気がつくはずです。

　「仕組み」と「意識」どちらの方が大切なんでしょうか。答えは簡単です。どちらも大切にきまっています。

　もし，この議題がまたどこかで提案されたら，私はきっと次のように言うでしょう。

　「今の提案の中には，『仕組み』に関するものと『意識』に関するものが混

ざっています。それらを整理した後，まずはよりよい『仕組み』について考えて，その後『意識（声かけ等）』について考える。このように順番に考えてみてはどうでしょう」

　どうですか。ずいぶんとスッキリしたと思いませんか。

　一例として，職員会議での議題が「仕組み」と「意識」に分けられて，そのどちらも大切であるということを紹介しました。

　実は，これは学級経営にも当てはまると思っています。学級経営をする上で，「こういうルールをつくるのが大切なんだよ」と先輩が言っている。その一方で「子どもたちが○○という意識を高めてくれたらな」とも言っている。このような会話が日常的に，職員室でよく聞こえてきます。ここまで読み進めてくださった読者のみなさんなら，もうおわかりですよね。そうです。この２つは「どちらかが大切」ではなく，「どちらも大切」なんです。むしろ，そのどちらかが欠けていると学級経営はうまくいきません。

　さて，ここまで「仕組み」と「意識」という言葉で書いてきましたが，学級経営における「仕組み」の中には，「ルール」「制度」「方式」など，たくさんの意味が含まれそうです。そして，「意識」という言葉の中にも「心構え」「精神」「価値観」などの意味が含まれそうです。これらの言葉の意味が含まれるような言葉を辞書で探してみました。私なりに考えた結果，ふさわしいと感じた言葉が「システム」と「マインド」という言葉です。

　『デジタル大辞泉』によるとシステムとは，
1　制度。組織。体系。系統。
2　方法。方式。
3　コンピューターを使った情報処理機構。また，その装置。コンピューターシステム。

このように定義されています。学級経営では1と2が当てはまりそうですね。

　同じくマインドとは，
1　心。精神。意識。
2　好み。意向。
と定義されています。こちらもどちらかというと1の方でしょうか。

　そこで本書では，これらの意味を含みながら述べるために，

「仕組み」のことを「システム」
「意識」のことを「マインド」

このように呼ぶこととします。

　本書では私が学級経営において大切にしている，

「システム」×「マインド」

を紹介していきます。

　前置きが長くなりました。学級経営に対する考え方は正解が1つではありません。むしろ，正解は無数にあると思います。私が紹介する考え方は正解ではないかもしれませんが，読者の方が学級経営について考える一助となれば幸いです。

森岡　健太

Contents

1章　子どもが生き生きする クラスのつくり方

2章　学級経営「システム」×「マインド」

子どもが
生き生きする
クラスの
つくり方

1章

01 「システム」×「マインド」の両輪で回せ

　学級経営においては，この「システム」×「マインド」で回すことが大切になってきます。このどちらかが欠けていたら，学級のよりよい成長に結びつかないと考えます。

　例えば，ルールや仕組みが徹底されている学級。この学級では，子どもたちはきびきびと動きます。ですが，はたして子どもたちは心の底から「動きたい」と主体性をもって動いているのでしょうか……。

学級経営は

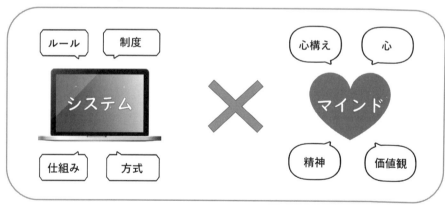

両輪で回せ

試行錯誤の日々……学級経営で大切なこと

　教師として働きだして3年目の頃。学級経営がうまくいっていませんでした。授業中，私が話をしても聞かない子がいたり，ひどいときには私語をする子がいたり……「なぜうまくいかないのか」「何が欠けているのか」その当時の私はわかっていませんでした。それらがわかっていなかったので，どうすることもできませんでした。

　ただ，そのときの救いだったのが，一緒に学年を組んでいた先輩に恵まれていたということです。仕事終わりの帰り道，学校から駅まで歩きながら，本当にたくさんのことを教わりました。おすすめの本から，授業中の立ち振る舞いの仕方まで，すべてがためになる話でした。

　話を聞いているうちに，私の学級経営で欠けていることがわかってきました。それは，子どもたちが動くための仕組みが欠けているということでした。
　授業中，子どもたちの私語が増えてしまう原因は，いろいろ挙げられると思います。私語が増える一番の原因は，子どもたちが「次に何をするべきかわかっていない」という状態になっているからだと思います。授業中に空白の時間帯ができてしまうから，私語が増える。だから，この空白の時間をなくした方がよい。このことを「空白禁止の原則」という。これは，その当時，先輩から教えてもらった，向山洋一氏の著書『授業の腕をあげる法則』（明治図書）に載っている言葉でした。

　4年目以降，授業中に「空白」をつくらないことを意識すると，明らかに子どもたちが変わっていく様が見えました。空白の時間をつくらないとは，算数の時間を例にすると，「問題を解き終わったら，追加で問題を解いて，その後は自分で問題づくりをする」ということです。本書を手に取ってくださったみなさまにとっては当たり前のことでしょうか。しかし，当時の私や

「私語が増える学級」では，教師がある言葉を発しています。それは，「解き終わったら，少し待っておいてね」という言葉です。授業中に待つ時間がある。今考えてみると，もったいないことこの上ないです。本来その時間で算数の力を伸ばすことができるはずなのに……。そして，「待つ」という行為は暇なので，おしゃべりをしてしまう。その気持ちが今なら痛いほどわかります。

　これは，1つの例でしたが，授業中に「空白」をつくってしまうと私語が増えます。それゆえに「空白禁止の原則」というものがあり，これは一種のシステムだと考えています。「空白」をつくらないために，指示を明確にしておく。1つの活動が終わった後の指示を出しておく。これらを押さえておけば子どもたちの私語は確実に減っていきます。

　「空白禁止の原則」というシステムによって，私の学級は少しずつ安定していきました。つまり，学級経営について改めて考えると，システムを整えると学級は荒れにくくなるのです。やることが明確になり，待つ時間がなくなるので，安定につながるというわけですね。でも，立ち止まって考えると，これは「マイナスからゼロになった」状態です。つまり，荒れてはいないけれど，子どもたちがプラスの働きかけをお互いにしているかというと……そうではなさそうです。

　そこで，「マインド」の出番です。「マインド」は心構え等のことでしたね。さきほどの算数を例にもう一度考えてみましょう。
　「問題を解き終わったら，追加で問題を解いて，その後は自分で問題づくりをします」
　このように子どもたちに指示を出すことは，「システム」をつくっているといえるでしょう。ここに「マインド」の要素をかけ合わせていきます。「問題を解く上で大切なことは何だと思う？」このように問うと，「ミスなく

解くことです」や「早く解くことです」などの声が返ってきそうですね。私は「ミスなく解ける人は，早く解くことを目指してがんばってみよう。早く解ける人はミスを減らそう」と解くときに大切にする心構えを伝えています。この「マインド」が子どもたちにあるかどうかで，問題を解くときの意識が変わってきます。

　さらに，追加問題を終えた後に，「問題をつくる」のはなぜかということを話していきます。「問題をつくるというのは，解くよりも理解を必要とすることだね。問題をつくるのはレベルの高いことなんだよ。できた問題は後でクラスに紹介するね」このように説明すると，問題をつくりたいという意欲が高まります。要するに，問題を早く解き終わった後の時間つぶしのためにやっているわけではないということを伝えたいのです。

　算数の「問題を解く」ということを例に，「システム」×「マインド」を説明しました。これは，学級経営において非常に多くのことに当てはまると思っています。さらに，子どもたちにこんな話をします。「今，この時間にみなさんは算数を学んでいますよね。実は，算数以外のことも学んでいるんですよ。何だかわかりますか？」何だろうと首をかしげる子どもたち。そこで，語りかけます。「算数の時間を通して，発表の仕方，聞き方，ノートの書き方，考え方……他にもたくさんあります。考えてみてください」このように語った後，黒板にこう書きます。「算数を学ぶ」「算数"で"学ぶ」子どもたちはこのような語りを聞いて，算数を通していろいろなことを学んでいるのだなと実感します。

　物事を学ぶときには，ただ漠然とそれを学ぶのではなく，「なぜ」するのかを追求したいです。その方が「目的意識」が生まれ，成長につながると考えるからです。学級という集団の中で生活するときもこの目的意識につながる「マインド」を大切にしたいです。では，「システム」×「マインド」で学級経営をする中で教師はどんな役割になるのでしょうか。

【参考文献】『授業の腕をあげる法則』（向山洋一著，明治図書）

02 | 学級における教師の役割

　「システム」×「マインド」が大切だという話は前項でさせてもらいました。では，学級経営における教師の役割とは何でしょうか。

　私は，下図のように考えています。教師が，「学級の土台をつくって運営していく」＝「システムを形成する」という役割。そして，学級という集団を高めるために「マインドを醸成する」という役割。この２つの側面があると考えています。次ページから詳しく述べていきますのでおつきあいください。

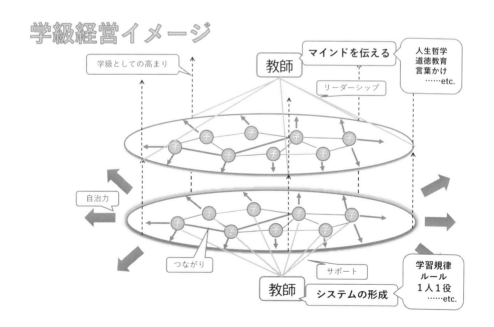

学級経営イメージ

システムの形成

　4月になりました。学級開きです。さて，教師はどのような役割をするのでしょうか。どれだけ優秀な子たちが集まった学級だったとしても，最初に学級のシステムを示すのは教師の役割です。「学習規律を示すこと」「学校にあるルールを伝えること」そして，「担任である自分が大切にしたいと考えているルールを伝えること」。これらはすべてシステムとして機能していきます。ここで土台をつくっていかないと，学級が安定しません。

　本書を手に取ってくださっているのが若手の方ならば，どんなルールを大切にして学級経営をしようかと悩んでいる方もいることでしょう。あるいは，中堅以降の方だったとしても，「何を大切にして学級経営するのか」ということについては毎年のように悩まれているはずです。

　さて，大切にしたいことをノートに書き込み，学級開きに臨むわけですが，1か月，2か月と月日が経つにつれて違和感を覚えることはありませんか。

　システムの形成には，ちょっとしたコツがあります。

　それは，

年度途中でシステムを変えてよい

ということです。

　ここでいう，ルールや1人1役などは，学期の途中で変わっていってかまわないのです。「そんなの当たり前だよ」と思われた方もいらっしゃるかもしれません。ですが，意外と「システムは年間を通して変えてはいけない」と思いがちなんです（かつての私がそうでした）。教師という仕事をしている人はよくも悪くもまじめな人が多いです。それゆえに，「最初に自分で言ったことは変えない方がよい」という呪縛にとらわれていることがあるのです。（このことに関しては，後のページで詳しく解説します）

マインドの醸成

　もう１つの大切な役割。それが「マインドの醸成」です。システムが機能していれば，学級としては回っていくのですが，そこに活力を生み出すものがこの「マインド」だと思っています。簡単にいうと，「何をやるか」だけでなく，「なぜやるか」も大切にしましょうという話です。

　行事の１つである「運動会」を例にして考えてみましょう。運動会のシーズンが近くなってきたら，まず学年の先生と競技や演技について，「どのようなものをやるのか」や「練習方法・日程」について話し合って決めていきますよね。そこで，改めて「運動会を通して子どもたちにどんな力をつけたいのか」ということを話し合っている姿は，あまり見かけないです。これは，教員が多忙だからなのか，あるいは，そんなことは話し合わなくても各々の頭の中にあるからなのか……理由はさておき，話し合われている場面を見かけることはあまりないです。

　練習日程や段取りについては細かく打ち合わせているので，ゴールまでの見通しはもてるのですが，「運動会という行事を通してどのような姿にしていきたいのか」ここが抜け落ちていると，子どもの成長が半減すると思っています。なぜなら，ここが抜けていると，子どもたちは「やらされているだけ」になってしまうからです。

　「やらされているだけ」の状態が続くと，いつしか子どもたちは「指示待ち人間」になってしまいます。では，そうならないためには，どうすればよいのか。

　その答えが「マインドの醸成」です。マインドの醸成では，

「なぜやるか」を子どもたちと一緒に考えていく

ということを大切にしたいです。

両輪で回すことの意味

「なぜやるのか」を大切にしたら，学級経営がうまくいく。これは，間違いないです。ですが，これだけではうまくいかないのです。

さきほどの運動会の例の続きで考えてみると，「協力する力をつける」や「自分で考えて動く力をつける」など，いろいろ「なぜやるのか」が見えてくるのですが，それを伝えたり，一緒に考えたりするだけでは力は伸びていきません。

そこから，実際に練習するときに，「効率のよい練習方法」を提示することや，「全体の使える時間から逆算して，練習方法を調整する」といったシステムを整えていくことは教師の役割となってきます。

なぜなら，子どもたち一人ひとりの主体性がどれだけ伸びていても，クラスを俯瞰的に見ることができているのは，大人である教師だけだからです。

6年生を担任したときの話です。コロナ禍ということもあり，例年の「運動会」という形ではなく，「体育参観」という形に変更されました。本来なら，全校児童が見ている前で，組体操を行うというのが例年の取り組みでしたが，そのどちらもかないません。

では，どうしたか。「今年はコロナ禍で，例年とは違う形になります。ですが，これはチャンスです！ 組体操ができない分，自分たちの手でつくり上げていくということをテーマにやれるよ」このように伝えました。

このマインドの土台があったからこそ，この後，練習方法を工夫する姿がたくさん見られました。そうです。子どもたちが「システム」を自分たちで形成していくことができたのでした。

03 主体性のバトンパスの タイミング

　子どもたちが「主体的に学べているか」。このキーワードは昨今，いろいろな場面で聞くことがあります。

　では，子どもたちは最初から「主体的に学ぶ」のでしょうか。もちろん場面によって，あるいは子どもによって，発揮する主体性には差があると思います。私は図のようなイメージをもって子どもたちと関わるとうまくいくのではないかと考えています。

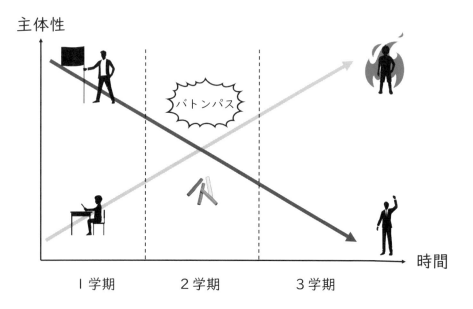

バトンパスのタイミングを見極める

　新年度が始まって早々はクラスの人間関係がフラットな状態なので，子どもたち一人ひとりが主体性を発揮しにくい状態だといえます。

　理由は3つあります。

　1つ目は，子ども同士の人間関係が構築されていないという点です。やはり，クラス替えをした当初はみんな緊張感につつまれています。このような状態で主体性を発揮せよといってもなかなか発揮できないですよね。

　2つ目は，担任との関係性がつくれていないという点です。子どもたちが主体性を発揮すればするほど，「失敗」はつきものです。ですが，「失敗」に対して担任が寛容なのか，担任はどんな反応を示すのか，このあたりがわかっていないので，子どもたちは恐る恐る……という反応になります。

　3つ目は，自己開示の許容性がわかっていないという点です。これは，前の2つと重なる内容です。自分の意見を言ったときに，教室が受け入れてくれる雰囲気かどうか。それがわかっていない1学期は発信しにくい子もいます。

　これらのことを考えて，1学期は教師がリーダーシップを発揮して，クラスを高みへと導いていく必要があります。ですが，いつまでたっても教師がリーダーシップを発揮していたのでは，子どもたちの主体性は伸びていきません。そこで，「主体性のバトンを渡す」イメージで学級経営をしていきます。

　1学期は，システムを整えて基盤となる人間関係を構築していきます。そして，自己開示されたことに対して寛容な態度をとっていると，安心感が生まれ，だんだんと子どもたちの主体性が伸びていきます。私の場合は，人間関係が円滑になる2学期に主体性のバトンを渡すことを目標としています。

04 1年を通して ギアチェンジする

　前項では，主体性のバトンパスの話をしました。ここでは，もう少し詳しく話を進めていきます。

　「教師が話を伝える」「子ども同士で話し合いをする」どちらも大切なことですが，私は学期が進むごとにギアチェンジすることを意図的に行っています。1学期は「共有」，2学期は「対話」，3学期は「発信」というイメージです。次ページからそれぞれのイメージについて解説します。

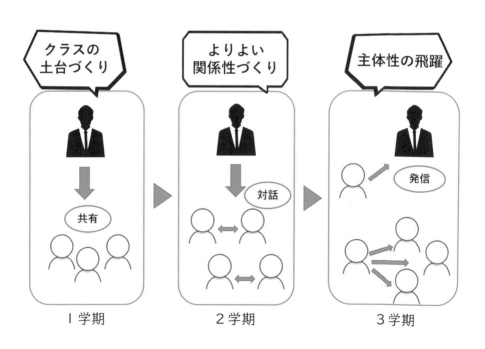

なぜギアチェンジが必要か

主体性のところでも述べましたが，クラスの状態は学期が進むごとにどんどん変化していきます。クラスの状態が変化してきているので，教師の「伝え方」や「大切にするべきこと」も変化するのが自然な流れです。1学期は「クラスの土台づくり」，2学期は「よりよい関係性づくり」，3学期は，「主体性を飛躍させていく」。このようなイメージをもって学級経営をしているので，それに応じて教師のあり方も変えていく必要があると考えています。

このイメージをもとに学期ごとにテーマにしていることがあります。

1学期は教師から伝えて「共有する」をテーマにしています。教師から，子どもたちに集団生活をする上で大切になる「システム」や「マインド」について伝えていきます。この時期に学級のシステムをしっかりと伝えておかないと，子どもたちは「システムがわからないからやぶってしまう」という状態になってしまいます。また，「なぜそのシステムがあるのか」という意義を伝えておかないと，ただ「担任に言われたから守る」という風になってしまいます。それだと，その後の自主性を育むことにつながらないので，ここで「マインド」を育む必要があると考えています。

2学期は子ども同士の「対話」をテーマにしています。1学期の間に土台ができてきたら，今度は子どもたちが主体性を発揮する番です。こちらが，「～って大切だよね」と一方通行で話すのではなく，「なぜ大切かな？」と問いかけて，子どもたち同士で対話して，考えを深めていくことをねらっています。

3学期は子どもたちからの「発信」がテーマです。ここまでくると，順調に育っていれば子どもたちの主体性はある程度高まってきています。自分たちで「企画する」「発信する」ということを大切にしていきたいものです。

05 1学期は教師から伝える

　1学期は，教師から子どもたちに大切なことを伝えるチャンスです。なぜなら，どんなクラスをもったとしても，子どもたちとその担任との関係はゼロからのスタートになるからです。

　学級のルールである「システム」についてもそうですが，「マインド」についても，たくさん伝えていきたいです。一人ひとりの成長を願って。学級全体の成長を願って……。

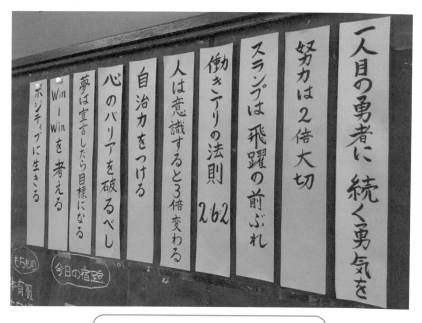

1学期は，子どもたちに
大切なことを伝えるチャンス

毎日のように語る

　1年のうちで，担任と子どもたちの関係性が最もつくられていないのが1学期です。逆にいうと，マイナスな関係にもなっていません。子どもたちは，4月に学級開きをしたときから，「担任の先生はどんな先生だろう」と思って過ごしています。そんな1学期だからこそ，大切にしたいことを子どもたちに語りかけていきたいものです。

　そんなにたくさん「語ることなんてないよ」という声も聞こえてきそうです。でも，大丈夫です。教師は教室の中では唯一の大人。大人からの視点で考えたことを伝えていけばよいと思っています。それが，子どもたちのマインドの醸成につながっていきます。私が1学期に語る材料にしているのは以下のようなものです。

○読書をして得た知識をかみ砕いて伝える
○自分の経験談を具体的なエピソードで伝える
○名言集などから，クラスに届いてほしいと思う言葉を伝える

　伝え方としては，
①左ページにある写真のように，伝えたい内容を短くキーワード化する
②黒板に貼ってエピソードとともに語る（ときには黒板に図をかきながら）
③話し終えた後は，後ろの黒板など空いているスペースに掲示する

　これを毎日のように継続して伝えていきます。ときには，似たような話になってもかまいません。「感謝」というテーマで話すとして，本で読んだこと，自分の経験，名言，いろいろな角度で話した方がよいと思っています。どんなに素敵な話だとしても1回のトークでクラス全員の心に響くことはないからです。大切なことは何度も何度も伝わるまで伝えていくのみです。

06 2学期は子ども同士が対話する

　2学期は，子どもたちに「主体性のバトン」を渡す時期だということはさきほど述べましたが，子どもたちが「主体性」を発揮するためには，話し合いをする力が必要だと思っています。

　せっかく主体性をもったとしても，子どもたちの「話し合う力」が磨かれていなかったら，教室の中で共通理解が図れないし，行動に移すことができないからです。

トークテーマ

○行くなら，過去か未来か？
○好きな給食は何？
○使ってみたい魔法は何？
○得意なことは何？
○苦手なことは何？
○行ってみたい国は？
○おもしろかった本は？
○好きな色は何色？

○友達と親友の違いって？
○1人の親友とたくさんの友達　どちらがほしい？
○夢はあった方がいいの？
○勉強ってなんでするの？
○時間を大切にするには？
○私の考える幸せとは？
○やる気を出すためには？

「対話」の意味

　「対話」という言葉にしたのには理由があります。授業中,「隣の人と交流してね」と言うと,自分がノートに書いたことを隣の人に伝えて終わるということが多かったのです。自分がノートに書いたことをしゃべり,その次に相手がノートに書いたことをしゃべり……1ターンで終わってしまっていたのですね。このノートに書いたことだけしゃべって終わってしまう状態のことを私は「発表会」と呼んでいます。「発表会」とは,自分の考えたことを「発表」するだけで終わってしまう会のことです。

　子どもたちには「対話をしよう」と声かけしています。「対話」とは「相手が言ったことに**対**して必ずその返し（**話**）をすること」と伝えています。これが浸透してくると,何ターンでも話が続きます。話が続くということはテーマに対して「広げる」ことや「深める」ことができるというわけです。

対話の練習は日々の積み重ねから

　「対話」は授業の中のいろいろな場面で出てきます。その都度,「1回のやりとりではなく,相手の意見に対して何か返すこと。感想でも,質問でもいいよ」ということを根気よく伝えていきます。これを繰り返すと,ずいぶんと話が続くようになってきます。

　さらに,対話力を鍛えるために,隙間時間に隣の人とペアで行う「ミニトーク」を入れています。どんなテーマでやっているかというと左ページに掲載しているものです。時間は3分程度。長くても5分くらいです。コツは「とにかく楽しむこと」です。トーク終了後には,全体の場でどんな話し合いになったかを聞いたり,教師自身がテーマに対してどのように考えているかを伝えたりします。対話ができるようになると,授業の楽しさ倍増です！

07 3学期は子どもから発信する

　1学期に教師から大切なことを伝えて，2学期は子ども同士で対話させ，いよいよ3学期は「発信」に目を向けます。

　3学期は1年間の学びの集大成です。子どもたちが存分に力を発揮できるように環境を整えていきたいものですね。いろいろな場面で「発信」できるところがあると思いますが，私は次の4つを「発信の場」としていることが多いです。

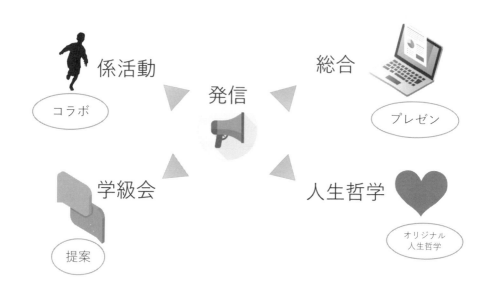

発信するって楽しい

　1学期，担任の語りを聞いてきた子どもたちは，「自分も発信してみたい」という気持ちが高まってきています。これは，マインドが醸成された結果ともいえそうです。

　5年生を受け持ったある年のことでした。「人生哲学」を毎日のように語り続けていると，次第に自主学習ノートに自分なりに偉人の名言などを調べて書いてくる子が出てきました。その子のノートをクラスで紹介していると，後に続く子が続々と出てきました。そのうちに「ぼくたちも調べてきた人生哲学を言いたい！」という声があがりました。その日から，教室に予約ホワイトボードというものを設置しました。子どもたちは，「日付・名前・伝えたい人生哲学」を書き込んで予約します。そこに書いて予約したものを時間があるときに順番に伝えていくのですが，これがまたおもしろい。黒板に自分の考えを図解しながら説明する子。自分のオリジナルの言葉を考えてきて，それを生き生きと説明する子。発表する子はもちろんのこと，聞いている子たちもうれしそうでした。

　一例として，「人生哲学」を挙げました。他の場面でもどんどん「発信する力」を発揮できるようにしていきます。係活動，総合的な学習の時間，学級会……子どもたちはいろいろな場面で力を発揮していきます。

　そのためには，「発信していくこと」が大切だということ。「発信されたこと」はあたたかく受け止めること。これらのマインドを伝えていく必要があります。特に，子どもが発信する場合は，「子どもだから発信する中で失敗することもある。それでも，発信しようという勇気をもつことがすばらしい。発信している友達は応援してあげよう」と伝えていきます。

　あとは場を整えることです。ホワイトボードを設置して自由に発信できるスペースを設けたり，1人1台端末を活用してアンケートを送付することを許可したり，場が整っていたら子どもたちはどんどん発信していきます。

Column

プレゼン道場

　1人1台端末を使う時代がやってきました。みなさんは授業の中でどのように活用しているでしょうか。

　私は，単元の終わりにスライドを作成させて，プレゼンをするという形式で活用することが多々あります。

　このときに気をつけているのが，「練習量」です。つくって終わりだと発表するスキルは上達しません。

　まずは，子どもたち同士での練習です。満足いくまで何度も練習します。そして，自信がついてきた頃に「プレゼン道場」に挑みます。挑むのは，ネームプレートでの予約制にします。（詳しくは「授業づくり」参照）

　私のところに端末を持ってきて，いざプレゼン！という感じで挑むのですが，教師に見てもらうということで，練習にはなかった緊張感があります。

　実際にやってみると，「1つのスライドにメッセージを詰め込みすぎ」「目線がずっと画面に張りついている」「無駄にアニメーションをたくさん入れて，大切なことが何かわからない」というようなことが多々あります。これらを伝えるわけですが，そこは厳しく愛をもって伝えています。

　やっていることは1人1台端末を使っての実践ですが，1人1台端末がなかった時代のスピーチの指導と似ていることがあります。

　それは，「相手意識をもって発表できているか」ということです。子どもたちは場慣れしていないので，なかなか聞き手のことまで考えられていないことが多いです。

　この「相手意識をもつ」というのは，「人を大切にする」ということにつながってくると考えています。だから，「プレゼン指導」では，スキルの向上だけではなく「相手のことを考えられるようになってほしい」というマインドも伝えていきたいものです。

学級経営
「システム」×「マインド」

2 章

01 ワクワク感で始めよ

　さて，4月になり学級開きとなりました。学級開きでは，何をしますか。学級を回す「システム」と子どもたちに伝えたい「マインド」について考えた上で学級開きに臨みます。

　でも，「システム」と「マインド」を伝える前に，大切にしたいことがあります。それは，「ワクワク感で始める」ということです。どういうことかというと……。

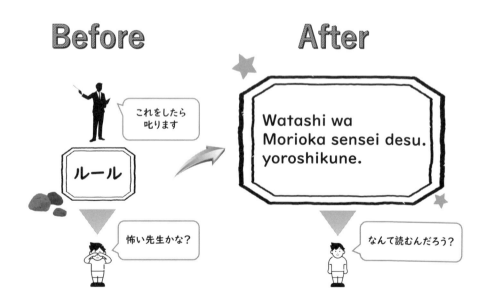

ワクワク感が「聞きたい」につながる

　始業式が終わって，いよいよ学級開きです。そこで，学校のルールや学級のきまりについて確認することがありますよね。ですが，まずは「ワクワク感から始める」ことを大切にしたいです。

　子どもたちは，新しい学年になり，以前の慣れ親しんだクラスではなくなっているので，どことなく緊張しています。そのような中で，いきなり「○○が大切です。やぶったら叱ります」と宣言されたらどうでしょうか。「厳しい先生なのかな」とドキドキして，さらに緊張感が増します。

　さらにいうと「○○したら叱ります」宣言は実は難しい側面もあります。宣言した以上は「叱らなくてはならない」という状況になるからです。実際に学級が回りだすと限りなくグレーな状況が出てきます。そんなときに宣言してしまっていたら「叱る」という行為をしないと，子どもたちの目には「教師の指導がブレた」という風に映ってしまいます。ですので，伝えるとしたらどうしても大切なこと1つだけに絞りたいです。

　「ワクワク感から始める」とよいことがあります。「あの先生が口を開いたら，おもしろいことを言うな」というイメージをもたせることができるのです。それが，子どもたちの「聞きたい」につながるのです。

　方法はいろいろあります。左ページで紹介しているのは3年生での実践です。3年生で学習するローマ字で黒板に自己紹介を書いておき，読めるかなとクイズでスタートします。教室のどこかにローマ字の表を貼っておき，ヒントとすると読める子が出てきておもしろいです。後の学習につながって一石二鳥ですね。他には，低学年ならパペットを使って漫談風に話し始めることもあります。あと，学年を問わずうけるのが「先生3択クイズ」です。趣味や好きなスポーツなどを3択クイズにしておくと自己紹介しながら子どもと仲良くなれます。子どもたちのワクワク感が高まってきたら，いよいよ大切にしたい「システム」や「マインド」を伝えるという流れで進めます。

02 学校教育目標と学級目標の関係性

　学校には，目標という言葉がたくさんあります。「学校教育目標」「学年目標」「学級目標」，学校によっては，さらに「研究目標」「生徒指導目標」「給食目標」「人権目標」などもあるかもしれません。

　さてさて，目標はたくさんあるのですが，それらはうまく機能しているのでしょうか。飾りだけの目標になっていたらもったいないですよね。

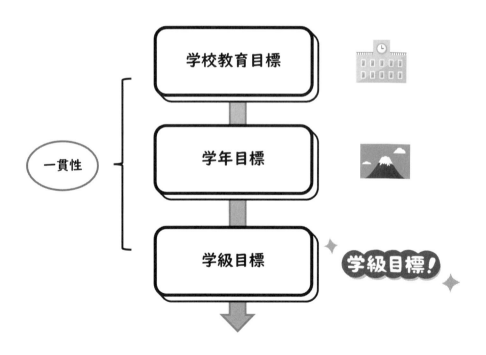

学校という組織の中で

　学校を組織として考えたときに，「学校教育目標」は一番達成されるべき上位目標となります。そして，そこから学年目標，学級目標とつながっているという意識を我々はもつべきです。この意識があると，一見すると各クラスで違うことが謳われている学級目標にもつながりが見えてきます。

　ある年，最初の職員会議のときに「この学校で子どもたちに一番育むべき力は何だろう」ということを考える機会がありました。そこで，「関わる力＝人間関係力が必要だよね」というようなことを話し合ったことを覚えています。トップダウンでなかったのが，すばらしかったです。この年は職員みんなの意識が学校教育目標に向いていたと思います。

　また，別の年には，学校長がパワーポイントのスライドを使って，学校教育目標について説明してくれました。これも「なぜ」この目標になっているのかが意識されたのでよかったです。

　どちらの例も「学校教育目標」が飾りでなく，「意識された」よい例だと思います。「なぜ，その目標にしているのか」ということが教職員の間で共通認識されていなければ，なかなか指導に活かすことができないからです。

　さて，「学校教育目標」について意識できたら，それをかみ砕いて学年目標へとつなげていきます。小学校では１～６年生まで学年が６つありますよね。「学校教育目標」の言葉だけで全学年が理解できていたら，もしかしたら「学年目標」はいらないのかもしれません。実際には，１年生と６年生では実態が違うので，それに合わせて学年目標をつくっていくわけですが。

　これらのことから，学級目標は，「学校教育目標」をかみ砕いて学年に合うものになった「学年目標」から，さらに自分の学級の実態に合ったものにするべきだと考えています。この「目標」のつながりを若手の頃は意識できていなかったので，独りよがりなものになっていました。

03 学級目標のつくり方と運用方法

　「学校教育目標」との関連性を意識できたら，いよいよ学級目標づくりに入っていきます。つくり方はいろいろあり，私もいろいろ試しながらよりよい方法を模索しています。

　学級目標をつくる際に気をつけたいことは，教師からの願いは伝えつつもトップダウンだけで終わるのではなく，子どもたちからの思いを吸い上げてボトムアップで完成する学級目標にしていくことです。

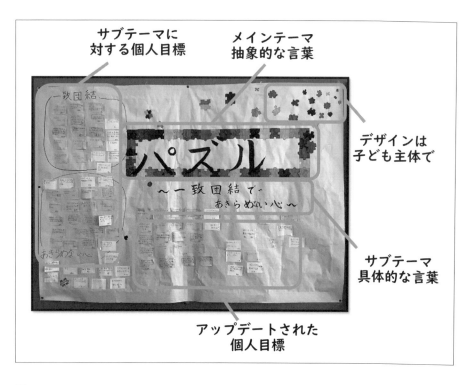

学級目標のつくり方

　左ページの学級目標は5年生を担任したときのものです。学校教育目標に「人と豊かに関わり合い」という言葉が入っていたので，そこから「どのようなクラスにしたいか」について学級会を通して考えました。このときは全国で一斉の休校明け。コロナ禍ということもあり，「ソーシャルディスタンスをしっかりとるように」と口酸っぱく言われていました。そこで，子どもたちからは一人ひとりの力を合わせて一致団結する，最後にはパズルのように心と心が組み合わさったクラスにしていきたいという意見が出て，このような目標になりました。「パズル」が合言葉で，「一致団結」と「あきらめない心」がテーマです。

　さて，ここで私なりに考えたよい学級目標とは，

---

　①教師の願い，子どもの思いが入っている

　②どうすれば目標を達成できるか一人ひとりがイメージできる

　③一定の期間ごとに振り返りやすい

このように考えています。

　学級目標における①〜③について考えてみましょう。

　①の「教師の願い」とは何でしょうか。私は，4月に学級開きをする前に必ずマインドマップを作成して，受け持つ学級の子，学年の子がどのような姿になってほしいかというイメージを描きます。

　さらには，前項で紹介した「学校教育目標」や「学年目標」との関連も意識します。前項で説明したように，「学校教育目標」は学校全体で掲げている目標です。そことの整合性も意識してどのような姿になってほしいかを考えます。

　これらのことを学級開きのときに子どもたちに伝えていきます。

②について。よく学級目標をつくった後に，個人の目標を作成しているところを見かけます。生活目標と学習目標を書かせて，教室の後ろに一定期間掲示しておきます。これも１つの方法ですが，つくった目標は１年間意識できないともったいないですよね。

　「個人目標を学級目標とリンクさせて意識させたい」という思いから，学級目標の周りに，個人目標を付箋に書いて貼らせています。同じ項目について書いたもの同士で分類して貼っていきます。

　③の「一定の期間ごとに振り返りやすい」とは，どういうことでしょうか。言葉として覚えやすい，イメージしやすいものは抽象度の高い言葉になります。それが，写真でいうところの「パズル」です。「バラバラのピースが１年を通して協力することで組み合わさって１つの絵になっていく」こんな風にイメージをもちやすいかなと思います。

　一方で，抽象度の高い言葉は振り返りにくいとも思います。「最近パズルできていますか？」と聞かれてもよくわからないですよね。

　そこを一段階具体的にしたのが，サブタイトルの「一致団結であきらめない心」です。これなら，振り返りやすくなります。「今回の行事は一致団結できた？」や「あきらめない心で最後までがんばれたかな？」と聞くと答えやすそうですね。

　そして，さらにもう一段階具体的にしたのが個人目標のイメージです。「一致団結やあきらめない心になるためには何が大切か」それは，個人によって変わってきます。「友達とあいさつをすることで仲を深めていき団結力を高める」という子もいれば，「苦手な学習に対してもあきらめない」という子がいてもよいのです。

　具体的だと振り返りやすいです。「あいさつができたか」「苦手な学習をあきらめなかったか」これらを１週間の終わりに確認すれば，自分のことを内省することができます。この内省がよりよい学級づくりにつながってくると考えています。

学級目標はつくって終わりではない

　さきほど述べた①〜③を大切にしながら，学級目標をつくりました。でも，そこで終わっていたら，効果は半減します。どれくらい学級目標を意識できたかは常に大切にしていきたいところですね。

　学級目標を意識するためには，「仕組み」が大切です。学級通信のタイトルは「パズル」にしました。こうすることで毎回目にすることになります。そして，折にふれて，学級通信で学級目標と関わる子どもたちの様子を載せていきます。「大縄跳び大会では，一致団結できていたので，学級目標である〈パズル〉の姿に近づきました」といった感じです。

　さらに子どもたちの様子を見ながら，振り返りをしていきます。「今，学級目標のパズルはどのくらい達成しているのかな」という声かけをして，全体ではどのくらい達成しているのか。何ができていて，何ができていないのかを確認していきます。

　そして，個人目標も振り返りをしていきます。このとき，個人目標が「もう十分に達成できている」と感じた子には付箋を新たにとりにくるように伝えています。そして，目標をパワーアップさせていきます。

　例えば「友達にあいさつする」という個人目標を立てていた子がいたとしたら，「どのように」をつけたしていきます。「笑顔で」「自分から」「○人の人と」などのイメージです。

　一定期間過ごして，自分の課題が見つかった子はそちらを追加することもよしとしています。「算数の文章題のときはあきらめがちなんだよな」と気がついた子がいれば，それをクリアすることを目標に追加するのです。

　学級目標はいろいろなつくり方や運用方法があると思います。つくるからには飾りではなく，有効に働くようにしていきたいものですね。

04 合言葉をつくる

　合言葉って聞いたら，何を思い浮かべますか。私は，真っ先にアラビアンナイトの「開けゴマ！」を思い浮かべます。「開けゴマ！」という合言葉で閉ざされた岩の扉が開く。そんなところにロマンを感じるわけです。教室でも，合言葉をつくったらおもしろいと思っています。下の図は一例ですが，私が1年生を担任していたときに掲げていた合言葉です。なぜ，合言葉をつくるのか。どうやって使っていくのか。次ページにいく前に考えてみてください。

クラス内共通言語

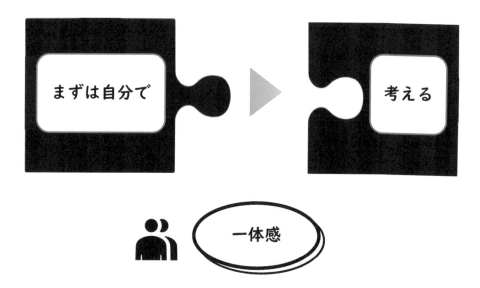

合言葉がもつ意味

　実は，合言葉は「マインド」と「システム」の両方の性質をもっています。

　「マインド」としてはどう働くか。左ページの合言葉「まずは自分で考える」というのは，私が大切にしたいと思っていたことなのです。

　私は1年生を3回担任した経験があります。共通して子どもたちが口にしていたのは「先生，次はどうしたらいいですか」「先生，これはやってもいいですか」「先生，先生……」といった言葉でした。

　そこで，「まずは自分で考えられるようになるのが，成長への近道ですよ。みなさんは成長したいですか？」という話をしました。子どもたちは当然「成長したい！」と言います。

　子どもたちと話ができたら，それを合言葉として掲示しておきます。掲示しておくことで，クラス内の共通言語となります。何か質問したいときに「まずは自分で考える」ということがクラス内に浸透していくわけです。

　クラス内に浸透していくと「システム」としても働いてきます。教師に質問する前に，「まずは，自分たちで考えないとね」という声かけをお互いにするという場面が見られるようになります。

　教師が「まずは自分で？」と聞くと，子どもたちは「考える」と言うようになります。

　合言葉をつくると，他にもメリットがあります。それは，クラス内でしか伝わらない言葉なので，クラスへの帰属意識が生まれてくることです。

　有名な言葉なのでご存じの方も多いと思いますが「教室はまちがうところだ」という言葉もよく合言葉にしています。絵本『教室はまちがうところだ』を読んだ上で，「間違っても恥ずかしくない。挑戦しているのはよいことだよね」と価値づけしていきます。

　このように合言葉は，こちらが伝えたい大切な「マインド」を短くして伝え，意識づけをするという役割を果たしてくれます。

05 システムは変わる宣言

　さてさて，学級経営において，「システム」はたくさん存在しています。掃除当番，給食当番，1人1役，宿題のチェック……挙げたらキリがないですよね。

　これらの「システム」は学級開きをして，4月の早い段階で教師が設定したものや，学級会で決まったものなどが採用されていると思います。

　その運用については，どのように考えていけばよいのでしょうか。

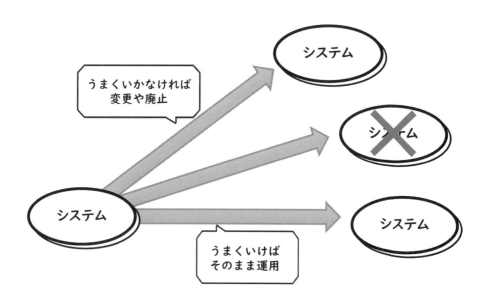

変わっていくことこそが大切

　4月当初にシステムを決めます。実は，システムを説明する段階で，私は次のようなことを宣言しています。「給食の当番活動，掃除の当番活動はこのようにやっていきます。ただし，年度の途中でやり方を変えることがあります。それは，みなさんと一緒にやっていくうちによりよい方法が見つかったときです。そのときは，変更していきます。あるいは，このやり方が合わないと思ったときには，スッパリとやめます」

　このように宣言しておくことで，「システムは変わるかもしれない」という意識を子どもたちにもたせます。

　教師はまじめな方が多いです。一度「やります」と言ったものを簡単にやめてしまうことに抵抗がある方もいるかもしれません。若手の頃の私がそうでした。

　でも，考えてみてください。子どもたちは1学期から，2学期，3学期になるにつれて成長していっています。

　すると，「システム」が合わなくなってくることは当然あります。むしろ，変わらない方が不自然ともいえます。

　例えば，1人1役をやっていたときには，「時間割を示す役割は大変だから，2人にしようよ」という声が子どもからあがり，そこから話し合いをして見直すということがありました。他には給食当番で，「コロナ禍だから人数を減らした方がよい」という状況になったので，話し合いをして，どの役割なら減らせるかを考えたこともありました。

　大切なことは，変えるときに「話し合いをする」というプロセスを入れることです。教師の目から見て合わないからといって，急にやめようと言っても，子どもたちの心はついてきません。システムを変える必要があるかどうかを定期的に見直して，子どもたちと一緒につくり上げていくのが理想ですね。

06 ジョハリの窓
―安心できる学級―

さて，みなさんはジョハリの窓をご存じでしょうか。ジョハリの窓とは，他者との関係から自己への気づきを促し，コミュニケーションの円滑な進め方を考えるために提唱された心理学モデルのことです。

自分から見た自分，他者から見た自分を知ることで，自分の成長に役立てる。そして，それが他者との関わり方も成長させる。簡単に説明するとこのようなイメージです。

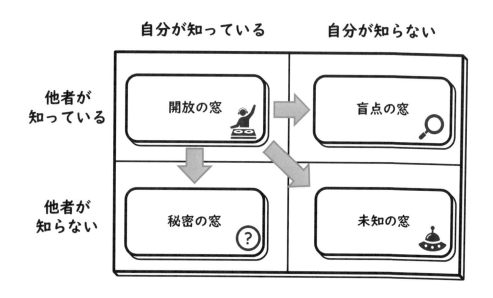

開放の窓を広げることが安定につながる

　研修で，「はじめまして」の相手と話をすることになった。緊張して何を
しゃべったらいいかわからない。そこで，自己紹介をするが，実は相手も出
身地が同じだった。そして，話を聞くとなんと同じ中学校に通っていた。
「あ，一緒なんですね」と言いながら心が開いていき，その後の研修が楽し
く受けられた……こんな経験はないでしょうか。

　お互いのことを知らない状態から，共通点が見つかって，一気に親近感が
わいたわけですね。

　これは，左ページの図でいうと，開放の窓が少し広がって秘密の窓が少し
狭くなったという例です。「自分のことを相手にわかってもらうこと」「相手
のことを知ること」そして「共通点を知ること」はよりよい人間関係づくり
において大切なことです。

　これは，教室内においても同じことがいえます。4月の学級開きしたての
クラスは，緊張感でいっぱい。開放の窓は狭い状態です。そうなると，子ど
もが本来もっている力はなかなか出せない状況だと思います。

　例えば，道徳を例に考えてみましょう。道徳の授業で，子どもたちが語る
意見には「本音と建前」があります。秘密の窓の割合が多い段階では，本音
は出にくく建前が出やすいです。なぜなら，本音でしゃべることは怖いから
です。もし，あなたが「アイドルの○○が好きなんだよね」と話したときに，
「そんなのおかしいよ」と言われたら……あるいは，自分の失敗談を語った
ときに，「そんな失敗するなんてかっこ悪い」と言われたら……傷ついて本
音ではしゃべれなくなると思います。それは，道徳でも同じです。せっかく
勇気を出して本音を言っても受け入れてもらえなかったら……次からは全部
建前で話そうとなりますね。

　では，どうしたら学級で子どもたちの開放の窓が広がるのでしょうか。

開放の窓を広げるための３ステップ

学級での「開放の窓」を広げるための，３つのステップがあります。

①教師，子どもが自己開示をする→秘密の窓が狭くなる
②いいところを見つけて承認する→盲点の窓が狭くなる
③挑戦をどんどん認めていく　　→未知の窓が狭くなる

①について。学級開きをした後，教師は毎日子どもの前に立って授業をすることになりますよね。教師が自己開示をしていない状態だと，子どもたちから見たら，「知らない大人」が目の前にいるという状態になっています。

まず，自己開示をして子どもたちに自分のことを知ってもらいます。私は自分自身の過去の話は必ずと言っていいほど毎回しています。

過去の失敗談を話すことは，重要だと考えています。なぜなら，失敗談を聞いた子どもたちは「この教室では，失敗を語っても許されるんだ」という認識になるからです。

このように，１学期は私自身のことをどんどん話していきます。家族のこと，好きな食べ物，好きな本，よく遊ぶ友達についても機会があればどんどん話します。私は，「ネタ帳」をつくって，どのネタにしようかなと考えながら話をしています。

教師の語りによって，ある程度，教室の中で「自分のことを話しても受け入れられそうだな」という空気感が出てきたら，子ども同士の自己開示にも力を入れていきます。

具体的には，ミニトークをどんどん入れていくという方法です。私はたいてい１〜２分くらいの短い時間でミニトークを入れています。テーマは簡単なものでよいと思っています。「好きな給食について語り合おう」「得意な教科についておしゃべりタイム」「飼うならイヌ派？　ネコ派？」このような

感じです。これらは，しゃべっている間に自己開示することにつながっていきます。「あ！　私もカレー好きだよ！」「わかる！　体育楽しいよね！」「やっぱり，犬の方がかわいいよね！」などといった具合で共通点が見つかって仲が深まっていくのもイメージできますね。

　②について。盲点の窓を狭くするためには，承認が有効です。子どもたちは，実は自分たちのことをよくわかっていないのです。私は，子どもたちの「いいところ」だけを見つけて書きためていくノートを1冊つくっています。日頃のいいところを見つけてどんどんノートに書きためていきます。そして，それを帰りの会やここぞというタイミングで伝えていきます。自分のいいところを自覚することで盲点の窓は狭くなっていきます。

　③について。挑戦をどんどん認めていくというのも大切にしています。「先生，これやってもいいですか？」と聞かれることがあるのですが，「お！いいね！　やろやろ！」と答えることがほとんどです。（ただし，言うまでもなく学校や学級のルールに違反するものはダメです）
　子どもが自分の心の内，つまり本音が言えるようになってくると，挑戦が増えてきます。その挑戦を認めていると，またどんどん「こんなことに挑戦したいと思っている」という心の内を語ってくれるようになってきます。
　挑戦には失敗はつきものです。そこで，「がんばって挑戦したね」という一言があるかないかで，その子の今後の挑戦欲は変わってくると思うので，声かけをして励ましたいものですね。

　以上，①～③のようにしていき，開放の窓が広がってくると，学級の中に安心感が出てきます。自分を表現して，それを認めてもらえるということは安心感につながるからです。

【参考文献】『世界一わかりやすいジョハリの窓の理論と実践　30分で身につく人間関係改善術！』(中村友彦著，KARIS翻訳サービス)

01 自動化① 「1人1役」

　「1人1役」を取り入れている方は多いのではないでしょうか。「1人1役」とは，教室にある仕事を細分化して，一人ひとりが責任をもって自分の仕事をこなすというものです。

　図に挙げているのは一例ですが，窓閉め，本棚整理，電気つけ，黒板消し……このような仕事があります。

　仕事はそれぞれ別ですが，共通した目的を意識していきます。

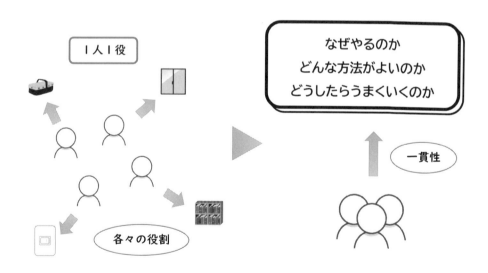

「1人1役」の意味

多忙化が叫ばれる中，いかにして「時間を生み出すか」ということに苦心しているところです。もし，子どもたちがいろいろな場面で自分で動いてくれたら，その分，時間を生み出せそうです。「自」分で「動」くから自動化と呼んでいます。

1人1役をすると，教師にも子どもにもメリットがあると考えています。

まず，教師側のメリットとしては，子どもたちが自分で動いてくれる分，他の仕事ができることです。「電気をつける」や「黒板を消す」などは一つひとつを見れば大した仕事ではありません。しかし，積もり積もるとかなりの時間になってきます。子どもたちにやってもらって，できた時間を教材研究にあてた方が，子どもたちにも還元されていくと考えています。

次に，子ども側のメリットです。自分たちで一つひとつの仕事をすることで，「自分たちで教室運営をしている」という意識をもつことができます。

さて，ここからが大切なポイントです。1人1役をするにあたって，「なぜやるのか」「どんな方法がよいのか」「どうしたらうまくいくのか」は子どもたちと一緒に考えていく必要があります。

これらが抜けてしまうと，ロボットみたいな「自動化」になってしまいます。やっているのは子どもたち。「自動化」をしている中でも思考は続けてほしいのです。

具体的には，一定の期間各々が仕事をやった後に，「パワーアップタイム」をとります。「今やっている仕事がいるのかいらないのか」「人数は適切かどうか」などを子どもたちと一緒に見直していきます。

「1人1役」を例に説明しましたが，どんな取り組みも「なぜ」やるのかというところを大切にしていきたいです。自分のクラスに合ったシステムになるように，定期的に見直すのも忘れないようにしていきたいですね。

02 自動化② 「10分作文」

　作文力をつけると，思考力が磨かれます。頭の中で考えていることを文字に起こせるのは，論理的な思考ができている証だからです。

　ですが，作文指導のときにやってくる壁が「添削・コメント」です。書かせるのはよいけれど，添削やコメントに時間がかかるから，そもそも作文を書かせるのが億劫になるということはありませんか。

　だったら，添削やコメントも「自動化」してみませんか。

流れ

2分で原稿用紙の裏に

↓

5分で作文に挑戦！

↓

3分で自己採点＆振り返り

ひとりで完結！　継続は力なり

採点基準

○題名がある	＋5	○体験談がある	＋20
○題名の工夫	＋5	○10行目クリア	＋10
○名前が正しい位置	＋5	○20行目クリア	＋20
○はじめの1文の1マス下げ	＋5	○本文の引用	＋10
○段落ごとの1マス下げ	＋5	○自分の考え	＋20
○「　」を正しく使用	＋5	○漢字間違い	－1
○はじめ・なか・おわり	＋10	○「，」「。」抜け	－1

継続のコツとは？

「継続は力なり」という言葉があります。私も好きな言葉なのですが，そもそも「続ける」って面倒くさいですよね。なぜ「続ける」のは面倒くさいのでしょうか。それは「やろうとしていること」のハードルが高いからです。だったら「継続する」にはそのハードルを下げてしまえばよいのです。

それが，「10分作文」の取り組みです。この取り組みは帯時間などの隙間時間にどんどんやっていくことができます。やり方は左図の通りです。

まず，子どもたちにテーマを伝えます。テーマは「夏休みに行くなら海か山か」「昼ごはんは給食か弁当か」「好きな教科について」など，書きやすそうなものがよいです。慣れてきたら，子どもたちから募ってもおもしろいです。

テーマを伝えたら，2分間の文章構成タイムです。原稿用紙の裏に「キーワード」を箇条書きで書く，マインドマップを使ってイメージを広げていくなどの方法で，書くまでにイメージを広げておきます。

構成ができたら，5分間の作文タイムです。私は，400字詰めの原稿用紙を使っています。文章力を高めるためのトレーニングとして行っているので，5分経ったら途中でも終了しています。子どもたちは，慣れてきたら5分間で原稿用紙1枚分を完成させることができるようになってきます。

最後に，自己採点をして振り返りをします。参考までに私が使っている採点表を載せておきました。この表をもとに，子どもたちは自己採点を行っていきます。表の点数をすべてたすと120点になります。さらに，追加の視点を黒板に書くことがあります。「ナンバリングが使えている　＋20」「予想される反論に対する答えを書いている　＋30」といった具合です。

このように，構成から自己採点まですべて子どもがひとりでやるので，取り組みの継続にかかるエネルギーは多くないです。その分，国語の学習の「書く単元」の指導の際には添削に力を入れるというメリハリもお忘れなく。

03 | 明確化① 「砂山理論」

　「砂山理論」というおもしろい言葉があります。この言葉に出会ったとき，衝撃を受けました。なぜなら，学校現場ではこの「砂山理論」を例にすると，ルールの説明がしやすくなることが多々あったからです。

　学校現場では，ルールが曖昧になってしまうと，だんだんと乱れていってしまいます。ですが，単純に「ルール」だからと厳しくすると，子どもたちの心が離れていってしまいます。そこで……。

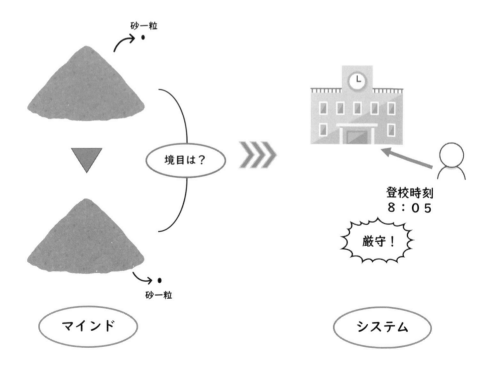

砂一粒

境目は？

登校時刻
8：05

厳守！

マインド

システム

砂一粒

境目をクリアにする

　学校現場では，「ルールが曖昧になり，その結果乱れていく」ということがよく起こります。ルールが曖昧にならないようにするためには明確に示した方がよいわけですが，そこでも「意味づけ」が大切になってきます。マインドの部分ですね。

　さて，「砂山理論」をご存じでしょうか。砂山を思い浮かべてみてください。そこから一粒とったらどうなりますか。そうですね。変わらずに砂山ですよね。では，さらにそこから一粒とってみてください。それも砂山ですよね。この作業を無限に繰り返していったら……いつか砂山はなくなってしまいます。さて，問題です。砂山が砂山じゃなくなったのは，何粒目をとったときでしょうか。要するに，「砂山」はしっかりとした定義がなく曖昧だということですね。

　では，「時間」に置き換えて考えてみましょう。時間は砂山と違って明確に示されています。例えば，勤務していた学校では8：05以降に登校しましょうというきまりがありました。ところが，8：04に登校してくる子がいました。これを「まぁいいよ」と許したとしましょう。すると翌日，8：03に登校してくる子がいました。前日8：04を許しているので，そこから見たら1分早いだけです。さて許しますか。もうおわかりですね。このように考えると無限に登校時刻が早くなっていきます。ルールを提示するときは，どこかで明確に線引きすることが大切なんです。

　実際に，教室で話すときもこのたとえ話を使いながら進めていきます。さらに，登校時刻で考えれば，「早くつきすぎるとどのような問題があるのか」ということも話し合いをして確認していきます。

　こうやって，たとえ話や話し合いを通して，「なぜそのルールが存在しているのか」ということを確認することが，ルールを伝える上で大切になっていきます。

04 明確化② 「下意識」

　下意識という言葉をご存じでしょうか。「意識されていないが，思い出す努力によって意識化できる精神の領域」という意味です（『デジタル大辞泉』より）。今回は，学校教育目標を例に「下意識」について説明していきます。学校教育目標は，学校の中でも中枢となる目標であるわけですが，子どもたちはどれほど意識できているでしょうか。そして，我々教員も日頃から意識しながら学級経営ができているのでしょうか……。

学校教育目標

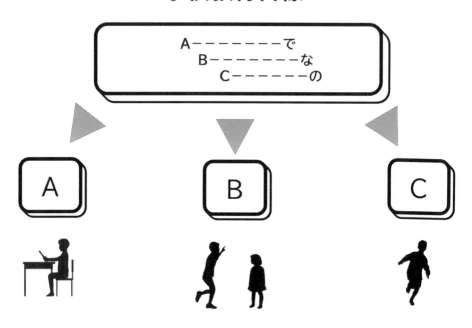

言語化して共通認識へ導く

　ご自分の学校の学校教育目標をよく眺めてみてください。左図のように「～で，～な，～の子の育成」のように３つくらいの要素から成り立っていることがほとんどだと思います。これは，「学業」「健康」「人間関係」「自主性」など数多くある分野から，その学校にとって必要な分野を３つピックアップして，目標として掲げているからです。３つという数は意識しやすい数だからですね。これ以上数が多くなると意識することが難しくなります。

　ここまで読み進めてきた読者のみなさんは，学校教育目標をパッと思い出せますか。もし，思い出せないとしたら，おそらくクラスの子どもたちも学校教育目標（目指す子ども像）を思い出せないと思います。

　思い出せないものは，意識できませんよね。では，どうすればよいのか。その答えは，抽象的な目標を具体語に「言語化」していくことです。

　具体的な方法を説明します。「よりよい人間関係」という言葉が目標にあるとしましょう。その場合は，子どもたちに問いかけていきます。「よりよい人間関係っていう言葉が目標にあるけれど，どういう状態になったらよりよい人間関係を築いたことになる？」このように問うと，いろいろな答えが返ってきます。「男女関係なく遊ぶこと」「低学年にやさしくすること」「言われてうれしくなるような言葉をかけ合うこと」

　そして，出てきた言葉を画用紙などに書きとめておき，学校教育目標の下に掲示しておきます。こうすることで，自分たちが本当に意識するべきことがわかってきます。また，掲示物として残しておくことで，目に入るので掲示物を見たら思い出すことができる……「下意識」の状態がつくられていきます。学期の終わりや節目のときに，子どもから出てきた言葉を「男女関係なく遊ぶことは達成できた？」と振り返っていけば，より意識することができるので，おすすめです。

05 ルーティーン化①
「ベル課題❶」

　「時間は大切である」というのは，私が最も意識していることです。みなさんも「時間は大切」という意識があるのではないでしょうか。

　1人が1分授業に遅刻してきたとしましょう。失われた時間は何分だと思いますか。もし，その1人がくるのを全員で待っていたとしたら，30人学級だと1分×30人分で30分失われたと捉えることもできそうです。なにより，まじめに間に合っている子のやる気を削がないようにしたいですよね。

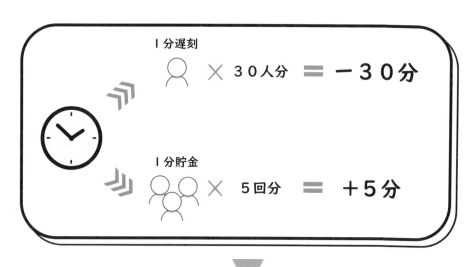

すぐに学習にのめりこむ環境をつくる

　時間は工夫次第で生み出せます。もし，遅刻が度重なると，その分，時間は消えていきますし，逆に10分で取り組める課題を全員が９分で終えることができたら，１分の時間貯金ができます。１分だとバカにしてはいけません。それが５回積み重なると５分になりますし，10回だと10分になります。

　「時間」に対する考え方は，年度当初に必ず話をします。これは「マインド」に関わることです。経験上，時間を守ることができない学級は荒れていきます。なぜなら，「時間」に対する感覚がルーズだと，いろいろなところがルーズになってくるからです。

　ところで，遅刻する子がいる場合はどのようにしていますか。授業開始のベルが鳴りました。そこで，「礼」をして，授業を始めたいけれど，全員が揃っていない状況。「○○君，まだ帰ってこないな」と言いながら待ち続けて１分が経ちました。これを毎回のように繰り返していたら，相当な時間を無駄にしているとは思いませんか。

　そして，なによりまじめに時間内に準備していた子が損をしている気分になっていないでしょうか。まじめにやっている子が損をする仕組みになると，学級は荒れていく一方です。

　では，どうすればよいのでしょうか。答えは簡単です。まじめにやっている子ほど得をする「システム」にすればよいのです。

　それが，「ベル課題」です。この言葉はハリー・ウォン氏とローズマリー・ウォン氏の『世界最高の学級経営』（東洋館出版社）に出てくるものです。簡単に説明すると，授業の開始のベルが鳴るとともに課題を出して，子どもたちはそれに取り組むというものです。ベルが鳴るとともに授業を始めます。この辺りの詳しい方法については，次項で説明します。

学級ルール

06 ルーティーン化②「ベル課題❷」

　ベル課題は１〜３分くらいで取り組めるものをおすすめします。ベル課題の取り組み方は簡単です。ベルが鳴ったら課題をする。たったこれだけです。

　課題は教科によって，子どもが熱中できるようなものを取り入れていくとよいですね。社会だったら「地名探し」，国語だったら「国語辞典早引き」などがおすすめです。では，具体的な進め方を見ていきましょう。

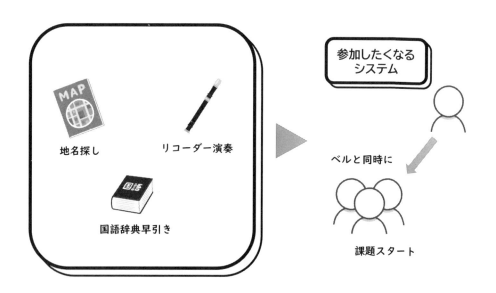

地名探し

リコーダー演奏

国語辞典早引き

参加したくなるシステム

ベルと同時に

課題スタート

ベル課題で整った先に見えるもの

　「地名探し」の取り組み自体は，いろいろな方が実践されていると思います。ベル課題として取り組むときのコツは，「ベルが鳴った瞬間に黒板に地名を書く」ということです。そして，これを毎回のように行っていく……つまりルーティーン化することが大切です。

　社会の授業の開始ベルが鳴ったら，「地名探し」が始まる。このようにしておくと，子どもたちは地図帳の目次を開いて待つようになります。なぜなら，そうしないと早く見つけることができないからです。見つけたら，地図帳の地名のところに○をつけて挙手します。このようにゲーム化されている取り組みは子どもたちにとって楽しいものなので，どんどん前向きに取り組んでいきます。

　同じようにして，音楽の時間にはリコーダー演奏をします。ベルが鳴り終わった瞬間に，伴奏を流して1曲演奏するようにします。国語なら，「国語辞典早引き」です。教師が黒板に書いた言葉を見つけたら，付箋を貼って印をつけていきます。

　どの取り組みも3分くらいなので，すぐにできます。「ベル課題」は3分で授業への意欲が高まるとともに，基礎的な学力を高める役割も果たしています。

　どの教科でも，授業開始時のルーティーンがあると心強いです。子どもたちは，指示を出さなくても学習へと向かっていきます。

　「時間通りに始まる気持ちよさ」「時間通りに終わる気持ちよさ」これらを子どもたちが感じられるようになってくると学級は安定していきます。

【参考文献】『世界最高の学級経営』（ハリー・ウォン／ローズマリー・ウォン著，稲垣みどり訳，東洋館出版社）

07 ルールは授業中に つくられていく

　子どもたちが待ちに待った体育の授業。サッカーなどのゴール型ゲームは，特に盛り上がりますね。担任として見ていても熱くなってきます。

　それと同時に起こりやすいのがトラブルです。「線を踏んでいた」「同じ人ばかりがボールを持っている」「○○さんがぶつかってきたのにそのままゲームを続けた」このような声がたくさん聞こえてきます。ルールは確認したはずなのに……。

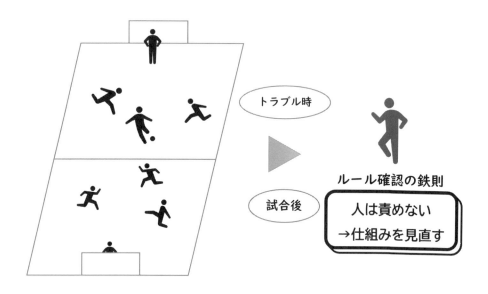

ルールと同時に確認したいこと

サッカーを例に考えると，まずルールとして「ボールがコートの外に出た場合」や「点が入ったらどこから再開するか」などのルールは授業が始まる前に確認すると思います。

ここで，もう1つ確認しておきたいことがあります。それは，何のために「体育の授業」としてサッカーをしているのかという前提の部分です。これはマインドとつながってくる部分です。「勝つために」試合をしているのであれば，当然習っている子や，得意な子だけが活躍するように試合運びをすればよいのですが，実際はそうではありませんよね。子どもたちに問うと「みんながうまくなるため」「クラスの友達と仲良くなるため」などの答えが返ってきます。

この前提（マインド）の上，ルール（システム）の部分を確認していきます。そうすると，何かトラブルが発生した際には「みんながうまくなるためには，どんなルールをつけたせばよいのか」と再確認することができます。

ところで，「ルールは授業中につくられていく」とは，どういう意味だと思いますか。

ルールの確認が済み，ゲームが始まったら学習が進んでいきます。ですが，途中で「ルールの調整」は必ず入れたいのです。実際に授業を進めていくと予想もしないトラブルが発生します。そのときに，全体に関わることなら，その試合を止めてでも「ルール」について話し合いをします。

さらに，1試合が終わるごとに「今の試合でルール上，何か困ったことはあるかな？　ただし，個人的な困りごとは後で聞きます」と確認タイムをとります。この時間をつくっていなかったときは，体育が終わった後に不満が残り，それが引き金となり，子ども同士の関係性が悪くなることがありました。体育を例にしましたが，他の教科でもルールは授業中につくられて改善されていくのを繰り返しているという意識をもちたいものです。

01 「聴く」を徹底すると空気が変わる

　話を「聞く」と「聴く」。この2つには違いがあります。「聞く」は自然と耳に入ってくるものに対して使います。一方で，「聴く」は注意深く聞こうとして聞いているものに対して使います。

　話を「聴く」ができるようになったクラスは，間違いなくレベルが上がります。逆に話が「聴けない」クラスだといろいろな場面で苦戦することになります。

話の聴き方 3か条

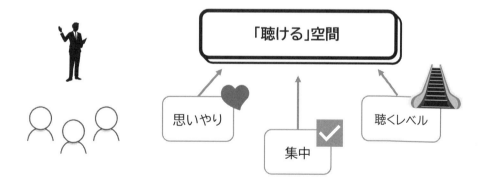

話を聴けるクラスは学力が伸びる

　教師が説明しているのに聴けていなかったら，活動ができません。せっかく心に語りかけても聴けていなかったら，その話は意味を成しません。子どもが発表しているときも同様です。せっかく学習の核に迫るような発言をしていても聴けていなかったら，知識として吸収することはできないでしょう。これらの事例は話が聴けていたら当然，逆転します。話を「聴ける」と，どんどん人の考えを吸収して，自分の生きた知識になっていきます。

　では，私が大切にしている話の聴き方のマインド3か条を紹介します。

　1つ目は，話し手に思いやりをもつことです。話を聴ける人は，話し手のことを大切にできる人です。これは，話を聴くときの大前提になるので，何度も何度も伝えていきます。

　2つ目は，話に集中することです。「集中して話を聴きましょう」このように伝えてもなかなか集中して話を聴くことはできません。では，どうするか。「大切なことを3つ話します。終わったら確認しますよ」と伝えます。「予告＋確認」で集中して聴ける状態をつくり上げていきます。

　3つ目は，聴くレベルを意識することです。私は「安全，命，人権」に関する話をする前に必ず言うことがあります。

　「今から大切な話をするので，聴き方レベルを1段階上げます。机の上のモノはすべて片づけます。手には何も持ちません。集中して聞きます」

　このように伝えて，一切の音がなくなるまで待ちます。そして，シーンとした状態の中，ゆっくりと話し始めます。もし，「安全，命，人権」に関する話の際に茶化すような発言が出たら，話を一旦ストップします。「今の発言はこの場に必要ですか？」と確認して，真剣に話しているということが伝わるようにしていきます。

　話を聴けるクラスになると，何事にも真剣に取り組めるようになります。

02 「聴く」と「話す」は表裏一体

　「聴くこと」と「話すこと」はコインのように表裏一体です。いくら聴き手の「聴く力」が育っていたとしても，話し手がわかりにくい話ばかり延々としていたら，聴き手は聴くのをやめてしまうでしょう。

　「話し方」についても同様です。いくら，「話し方」の指導をしても，「聴き方」の指導ができておらず，聴き手が育っていなければ，話し手は話す気が失せてしまいます。

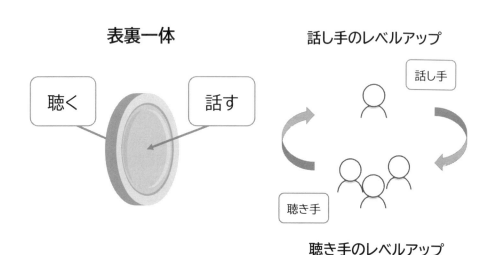

表裏一体

聴く　話す

話し手のレベルアップ

話し手

聴き手

聴き手のレベルアップ

「能動的」な聴き方と「受け身」な聴き方

　聴き手の「聴きたい」という気持ちを高めるために，話し手は「話す力」をつける方がよいというのはさきほど述べました。逆もまた然りです。

　話し手の「話す力」を高めるのは，よい「聴き手」なのです。例えば，子どもが前に出てスピーチをするとします。そのときに，聴く態度が悪かったとしたら，話し手は話したいと思いませんよね。逆に，目を見て聞いている姿や，うなずきながら聞いている姿が見られたら話し手はがんばろうという気持ちになれます。

　「目を見て話を聴きましょう」という指導があります。目を見て話を聴くのは大切だと思いますが，「なぜ目を見て話を聴くのか」というマインドは伝わっているでしょうか。私は次のように伝えています。

　「友達の話を目を見て静かに聴く。これは大切なことです。でも，静かに聴くにも2種類ありますよ。1つが『受け身』の聴き方です。これは，ただただ『静かに』聞いているだけの状態。頭の中は『早く終わらないかな』『今日の給食何かな』と関係のないことを考えています。その空気感は話し手に伝わります。もう1つは『応援しているよ』の聴き方です。話し手にあたたかい目線でエールを送ります。『がんばれ』という気持ちで聴きます。これには，話し手が勇気づけられます」

　「目を見て」や「うなずきながら」聴くというのは，形式を示し，掲示しておくと「システム」として働きます。

　形から入るのも悪くはないのですが，ここに「マインド」が働いてくると効果は2倍にも3倍にもなってきます。

　「なぜ」目を見て聴くのか。「どのようにして」目を見て聴くのか。そのマインドの部分を大切にしながら，子どもたちに伝えていきたいものです。

　このように伝えた結果，「能動的」に聴くことができるようになったクラスは，聴き方が真剣味を帯びるので，「話し手」の力が伸びていきます。

03 プレゼン指導はこれからの時代に必須

　1人1台端末が使える時代になりました。それに伴い，子どもたちも授業内でパワーポイントなどのソフトを使ってプレゼンをする機会が増えてきました。

　プレゼンにおける基本的な指導事項は，1人1台端末を使う場合もそうでない場合も同じだと考えています。プレゼンは目の前の聞いている人にメッセージを届けるという根本は変わらないからです。

プレゼンの極意 3か条

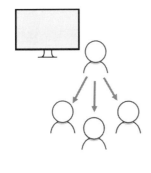

プレゼンはプレゼント	
視線は四隅をとる	
1スライド1メッセージ	

プレゼンの極意3か条

　プレゼンの極意を3か条にして子どもたちに伝えています。

　1つ目は「プレゼンはプレゼント」です。黒板に「プレゼンは○○○○○」と書いて，「当てはまる言葉は何だと思う？」と問いかけます。「プレゼンテーション」の語源を調べると，「贈り物」であるプレゼントが語源だと出てきます。聴き手にとって，贈り物となるようなプレゼンが素敵なプレゼンというわけです。聴き手が思わず行動に移したくなるようなプレゼンにはコツがあります。それは，「感情」と「数字」を取り入れることです。聴き手の「感情」に訴えかけるようなプレゼンは聴き手が「すぐに」行動したくなります。そして，「数字」を使ってデータを示したものは，納得度合いが高く，聴き手が「長い期間」行動を継続します。このようなちょっとしたコツも伝えていきます。（NHK for School「しまった！　情報活用スキルアップ」で詳しく説明されています）

　2つ目は，「視線は四隅をとる」です。子どもは，顔を上げてプレゼンすることが苦手です。そこで，顔を上げてプレゼンできるようにと合言葉で伝えています。四隅とは，教室の角の席のことです。四隅にいる子と目を合わせようとすると，自然と全体と目が合ってきます。

　3つ目は，「1スライド1メッセージ」です。せっかくプレゼンをわかりやすいものにするためにパワーポイントなどのソフトを使っているのに，自分が発表する内容をすべて文字起こししてスライドに入れてしまっている子がたくさんいます。スライドに入れる文字は最小限にして，シンプルなものにしていきます。あくまでも，発表の補助のツールとして使うということを意識させていきます。高学年だと，グラフや図などを入れてより効果的に使うことを指導していきます。

　これらの極意については，教師が見本を示すことが子どもたちが習得するための近道です。プレゼンスキルが高まると，発表の場が楽しくなります。

04 | 朝の会はビジョンで語る

　子どもたちが一番，集中力を発揮して話を聞けるタイミングはいつだと思いますか。私は朝一番だと考えています。理由は3つあります。

①午前中は集中力のゴールデンタイムである

②朝は気持ちがほぐれていない分，緊張感がある

③1日の中で，集中力は使えば使うほど減っていく

　ということで，朝の会に大切な話をすることを意識しています。

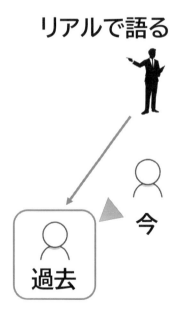

リアルで語る　　　　ビジョンで語る

過去　今　　　　　　今　未来

心を上向きにする語り方とは

　一番集中力のある朝の時間帯。みなさんはどのようなスケジュールを組んでいるでしょうか。朝の会は，子どもたちの心に語りかけるゴールデンタイムだと考えています。このゴールデンタイムには，どのような話をするのがよいでしょうか。1日の予定や，連絡事項など子どもたちに伝えなくてはいけないことは多々あります。でも，そのような中でも優先するのは，「教師の語り」だと思っています。

　語りかける時間は，3～5分程度です。それでも，毎日のように語りかけることで，子どもたちの心は確実に成長していきます。実際にどのようにして語りかけているのかを紹介します。

　例えば，子どもたちにあいさつの話をするとします。私は20代までは図の左のように子どもたちに語っていました。「最近，あいさつは元気よくできていますか。あいさつができていない人もいるんじゃないかな」といった具合です。この語り方は，子どもたちのできていないところに着目して語っています。すると，朝から説教をしてスタートすることになり，子どもも大人も気分がよくありませんよね。

　そこで，今はビジョンで語るということを意識しています。

　「想像してみてください。あいさつが元気なクラスだな！と言われて顔を上げてみると，6年生の姿。その姿を見て，どんどん真似をしてあいさつをする下級生たち。こんな場面を見かけたらうれしいですか」

　このような感じです。できていない「過去」に着目するのではなく，できるようになった「未来」に着目して話をする。そうすることで，語りかける中身は同じでも子どもたちの心は上向きになれます。

　「未来」に着目して語った後は，子どもたちにどうすれば達成できるかを問いかけます。毎日語り続けると，必ず子どもたちは変わってきますよ。

05 帰りの会で意識することは2つ

　前項で集中力の話をしました。帰りの会は１日の終わりなので，子どもたちの集中力は底をつきかけています。

　そして，子どもたちは授業が終わったら「早く帰りたい」と思っています。

　そこで，帰りの会で意識することは２つ。「時間」と「明るく」です。この２つを意識して，子どもたちとよい関係をつくれるようにします。

Win-Win

積み重なると関係性が変わる

　集中力が欠けているときに大切な話をしても効果は半減してしまいます。ですので，帰りの会は「時間」をいかに短くするかが勝負です。

　そのためには，まずはシンプルにします。帰りの会に活動を盛り込むと，それだけで帰るのが遅くなってしまいます。

　時短するために，係の活動報告はあらかじめホワイトボードに書かせて，「○○については，ホワイトボードを確認しておいてください」くらいの連絡はしてよいことにしています。

　また，帰りの用意については，低学年に関しては，アップテンポの音楽をかけて「鳴り終わるまでに用意を済まそう」と伝えます。中学年以降だと，子どもの実態にもよりますが，先に帰りの会と「さようなら」のあいさつをしてから帰りの用意をすることにしています。この方が圧倒的に用意するのが早いからです。

　そして，もう１つ大切にしていることが「明るく」です。帰りの会は，１日の締めくくりです。ここで「明るく」終わることができたら，１日が楽しく終わったなと感じるはずです。

　そのために，話す内容は「説教」ではなく「ほめる」ことを意識しています。「今日１日君たちの様子を見ていて，すばらしいところに気づきました。それはね……」このような語りの場合は子どもたちは耳を傾けます。

　低学年なら，「さよならじゃんけん」をして終わるという活動を入れることもあります。このときもわざと負けます。「えーっと，何を出そうかな（チョキで眼鏡の位置を直す）頭かゆいな（チョキで頭を掻く）悩むな（手はチョキにしながら）」こんな感じでおきまりのようにして負けます。「え？なんでチョキを出すってわかったの？　君たちはすごい！」などとおきまりのセリフを言ってほっこりして終わります。「時間」を短くして，「明るく」語るとよい関係性を築くことができますよ。

06 話し合いの３タイプを 意識せよ

　教室で行う話し合いでは，図の３つのタイプをよく使います。頭の中でそれぞれの役割や目的をイメージできるでしょうか。

①ＡとＢの二項対立から決着をつける「ディベート型」

②それぞれの意見から合意形成を図り，Ａという結論を出す「学級会型」

③Ａというテーマから，考えを広げ，深めていく「道徳型」

　それぞれの特徴について一緒に考えていきましょう。

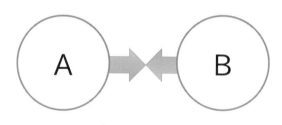

ディベート型

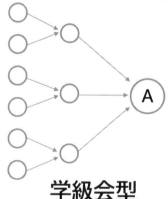

学級会型

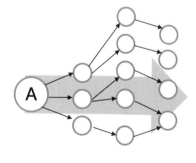

道徳型

ディベート型の真の目的とは

　ディベートは直訳すると「討論」です。そして討論とは，互いに意見を出して論じ合うこと（『精選版　日本国語大辞典』より）となっています。論じ合うということは，勝ち負けがあり，優劣があるということです。

　しかし，ここで勘違いが生じていることが多々あります。それは，ディベートは「勝ち負けを決める」ためにやっているものではないということです。「相手を言い負かすための手段」でもありません。では，何のためにやるのか。

　それは，「1つの立場から意見を言う練習」のためです。例えば，「学校では，私服がよいか制服がよいか」というテーマがあったとします。その場合，「私服がよい」という立場になったら，一貫して「私服がよい」という立場で論を展開していくことになります。

　ディベートを進めていくためには，下調べが必要となります。自分の立場のメリット，デメリット，そして予想される反論に対してどのように答えるかなど，考えることがたくさんあります。さらに，討論するために相手の立場でのメリットやデメリットも理解しておく必要があります。

　ディベートは一見すると「二項対立でどちらが優れているか」を争っていて，思考が狭くなっているように見えます。ですが，実は相手の立場に立って考えなくてはいけないという点から「思考の幅を広げる」のに役に立つものなのです。これが，ディベートの真の目的となります。

　ところで，ディベートの際に「相手の人格を否定しない」という点だけは気をつけなくてはいけません。それ以外のルールは調整しながら楽しくやっていけばよいと思います。勝ち負けの判定のありなしは学級の実態に応じて変えていけばよいでしょう。自分の立場，相手の立場のそれぞれから考える練習だと思って取り組むのがよいです。

学級会型の前提とは

　学級会では，議題に対して各々が意見をもち，話し合いの中で合意形成を図りながら，行う取り組みなどを1つに絞っていくというプロセスがあります。（場合によっては1つだけではないこともありますが）

　学級会がさきほどのディベートと大きく違うのは，「出てきた意見に優劣をつけるものではない」という前提です。ディベートの場合は基本的には最初に決めた立場で話し合いを進めていきます。学級会では，逆に「立場は変わっていくもの」という前提が必要です。学級会において，みんながみんな最初に考えた意見から一歩も動かなければ，当然何も決まりません。

　4年生を受け持ったときのことでした。学級会をしている最中に，ある子が「俺，絶対に自分の意見変えないもんね」とつぶやきました。そのとき，私は学級会そのものを止めました。「自分の意見をもっているのは，立派です。ですが，みんなが自分の意見のまま，一歩も動かなければどうなるでしょうか。平行線のまま決まることはなくなりますね。この話し合いのゴールは何かな？」と問いました。その子を指導するというよりは，全体でもう一度，学級会の前提を確認するイメージで伝えました。

　そのときの経験から，年度のはじめに冒頭の3つの図を黒板にかいて，それぞれの話し合いの目的について話すようになりました。

　話し合いをする「目的」がわかっていなかったら，子どもたちに力はつかないです。ディベートでは「自分の立場を大切にすること」，学級会では「自分の意見と友達の意見の折り合いをつけていくこと」という目的を子どもたちとも共有しておく必要があります。

　これをするようになってから，話し合いがずいぶんとスムーズになりました。私自身が頭の中で整理できたとともに，子どもたちも頭の中で整理できたからです。

道徳型のポイント

ラストは道徳型です。実は，この道徳型が一番やっかいだと思っています。ディベート型と学級会型は，何かを「決める」という話し合いなので，ゴールが見えやすいです（厳密にいうと，ディベート型は決めるためではないのですが）。ところが，この道徳型の話し合いは他の2つとは逆の性質をもっているのです。

「親切にするってどういうこと」というテーマがあったとしたら，その答えは当然1つではありません。話し合いを通して，「相手の立場に立って本当にしてほしいことを考えて行動することが親切」という子がいれば，「相手のことを思って，見守ることも親切になる」という子もいるかもしれません。道徳型は，話し合いを通して，最初に自分が考えていたことと比べて，考えが広がったり，深まったりするものだといえます。

実は，これも勘違いされやすいと思っています。以前，大学生と話す機会がありました。そこで「道徳は，先生が言ってほしい答えを言う教科だと思っていました」という耳が痛くなるような話を聞きました。

なぜ，この大学生がそのように感じていたかというと，おそらくその当時の担任が授業の中で1つの答えにたどりつかせようとしていたからではないでしょうか。言い換えると，教師の価値観の押しつけの道徳になっていたのではないかと思います。

さきほど「3つの図を黒板にかいて」と述べました。道徳もこのように年度当初に確認しておくことは大切なことだと考えています。この図を伝えているので，子どもたちは自由に発想して，のびのびとした意見を言ってくれます。ただし，何でもかんでも広がればよいというわけではなく，図のように，テーマに沿いながら広がっていくのが理想的だと考えています。

以上，3つのタイプを意識すると話し合いがスムーズになりますよ。

07 「折り合い」から 「シナジー」へ

　「折り合いをつける」を辞書で調べると「交渉において，互いにある程度譲り合って双方が納得できる妥協点を定めること」とあります。

　クラスでは，互いの意見が衝突することが多々あります。学級会での話し合いや，遊びのルールを決めるときにも衝突しますよね。

　そんな中で「折り合いをつける」というのは大切なスキルです。そして，別の方法として「シナジー」というものがあります。

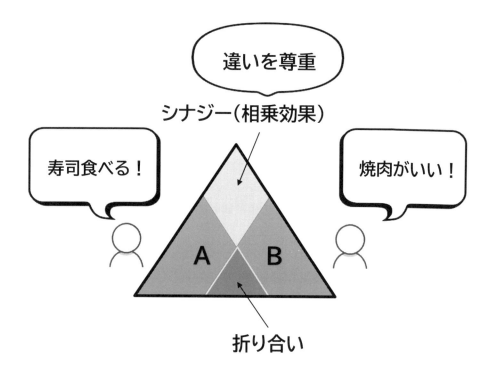

「シナジー」とは

「シナジー」という言葉をご存じでしょうか。これは『7つの習慣』という本に出てくる言葉で「相乗効果」を意味します。話し合いにおいて「シナジー」が大切だということですが，折り合いとの違いは何でしょうか。

例えば，家族で外食するというシチュエーションを思い浮かべてみてください。「どこに行きたいかな」と問うと図のように「寿司がいい」「焼肉がいい」と意見が割れることがあります。

そのときに，話し合いが始まるわけですが，これは「決定」のための話し合いなので，「学級会型」ですよね。話し合いでは，「なぜ寿司（焼肉）を食べたいか」という理由を主張し合って話し合うはずです。

話し合いの結末としては，「寿司は前回食べたから今回は焼肉にしよう」や「今回は焼肉に行くかわりに次回は寿司にしよう」といった妥協点が見つかるはずです。この妥協点を探ることが「折り合い」をつけるということです。意見を譲り合うので，図のように三角が小さくなるイメージです。

では，このケースの場合，シナジーとはどういうことでしょうか。「『寿司』が食べられて，『焼肉』も食べられるような方法はないだろうか」と模索することがそれに当てはまります。例えば，ビュッフェスタイルのお店に行ったら，両方の願いがかなえられそうですね。「シナジー」は両方のよいところどりをするので，図のようにAとBが延長してできる大きな三角形というイメージです。学級での話し合いに当てはめて考えると，こんなにうまくいくとは限りません。人数が30人いると，多種多様な意見が出てくるからです。でも，だからこそ「折り合い」だけでなく，「シナジー」という考え方ももっておくと，「どれをあきらめるか」という視点ではなく，「どんなものを創り出せるか」という視点でも話し合えそうです。Win-Winになるようなアイデアを「創り出す」という視点があると，話し合いがさらに楽しくなってきます。

Column

6年連続の「奇跡の軌跡」

　6年生，6年生と連続で……という担任の持ち方や，1年生から2年生，5年生から6年生と持ち上がりをした経験はみなさんにもありますか？

　私は，教員人生の中で奇跡的な経験をさせてもらいました。
　1→2→3→4→5→6という6年連続の持ち上がりになったのです。（学年は4クラス構成で，クラス替えはもちろんありましたが）
　これには「訳」と「縁」があり，いろいろなことが重なってのまさに「奇跡」だったのですが，この経験を通して気づいたことをお伝えします。

　まず，私自身がとても成長したということです。本書でふれていた「人生哲学」をはじめとして，子どもたちにはたくさんの話をしました。学年が変わるごとに担任である私もバージョンアップして話をどんどん仕入れていきました。ときには話がかぶることもありましたが，子どもたちに新しいことを伝えたいと思い，どんどんネタを吸収して洗練させていきました。

　次に学んだのが「学年の系統性」でした。
　よく，授業をつくるときには，「系統性」を大切にという話を聞きます。
　1年生で学習したことを活かして2年生の学習は進められていきます。3年生では，1・2年生で学んだことを活かして学習が進められます。
　「どの学年でどの学習をするのか」ということを，6年間かけて私自身が学べたのは本当に大きな財産となりました。

　これは，学習内容だけにいえる話ではありません。
　子どもたちが，どの学年でどのくらいのレベルになるのか（ここでいうレベルとは，言語能力，生活能力などいろいろなものをひっくるめています），

これがわかってくると，手の打ちようがわかってきます。

例えば，４年生。よく子育てなどの本でいわれているのが「９歳の壁」の存在です。４年生を担任していると，年度の後半になるにつれて，子どもたちが急激に変わってくるタイミングを感じます。大きく差を感じるのが，「自分のことを客観的に見られるようになること」「抽象的に考えられるようになってくること」です。

あらかじめそのことを知っていたら，授業構成で発問にオープンとクローズドを織り交ぜて，レベルを調整し，「具体」と「抽象」を行き来することも手立てとして講じることができます。

逆に，６年間を通して，変わらずに大切にしてきたこともあります。
それは，「自分で考える習慣を大切にする」というマインドです。

１・２年生を担任したときは，相手が低学年であるということから「丁寧に」子どもに接することが多いのではないでしょうか。その「丁寧さ」で教師が全部用意したり，１からやってあげたり……これがずっと続くとどうなるでしょうか。子どもたちの「自分で考える」の部分が育ちにくくなってしまうのではないでしょうか。

ちなみに，６年間持ち上がりで子どもを見たときに，１番強く感じたことは，「６年間って短いんだな」ってことです。つい先日「入学式」で一緒に写真を撮った子どもたちが，もう「卒業式」を迎えてしまった。そんな感覚でした。この経験から，「１日１日を大切にしよう」という意識が人一倍強くなりました。

教師という仕事は，子どもの成長をそばで感じられるすばらしい仕事です。そして，どのクラスにも１年間の成長の「物語」があります。次は，どんな「物語」に出会えるのか。そう考えるとワクワクしてきます。

01 価値づけされて 初めて気づくこと

　子どもたちがよい行いをしてくれていた。すると，担任としてはうれしくなりますよね。「ありがとう」「うれしいよ」と何かしらのメッセージを送ると思います。

　しかし，意外と子どもたちはその行為の何がよかったのかに気づいていないことがあります。その行為を見ていた子もそうですが，その行為をした本人も「なぜ」それがよいのかをわかっていないときがあります。

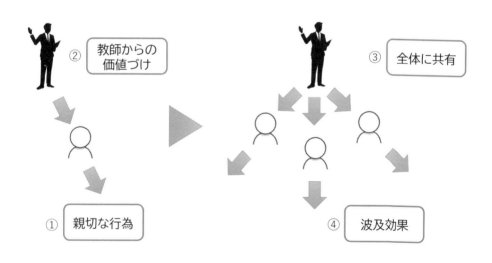

価値づけで広げていく

　4年生を担任していたある日のことでした。体育の学習が終わり，高跳びの用具をみんなで片づけ，子どもたちは教室に帰っていきました。私も帰ろうとすると，ふと1年生の担任がゴール型ゲームの用具を片づけているのが目にとまりました。少し時間があったので「手伝いますよ」と声をかけ一緒に片づけていました。

　すると，その様子を見ていたクラスの子が1人，私のところにやってきて「ぼくも一緒に片づけます」と言ってくれました。

　その後，教室に戻ってからみんなに伝えました。

　「体育の後，少し余裕があったから1年生の片づけのお手伝いをしていたんです。そしたら，○○君が手伝いにきてくれました。とってもうれしかったなぁって。何がうれしかったかというと，困っている人のことを察知して動けるっていうのが素敵だなって思ったんだよね。心や時間に余裕があるときは，人のために助けようって気持ちがもてたらいいよね」

　これが，価値づけです。教師がその行為について認めていくことで，勇気づけをしていきます。

　さて，その後日の話。前回の体育と同じような場面がありました。すると，何人かの子どもたちが率先して1年生の体育用具の片づけを助けにきてくれました。

　この助けにきてくれた子の中には「ほめられたい」という子もいたかもしれません。でも，最初はそれでよいと思っています。この出来事の後には，当然この子たちをたっぷりと認めてあげました。

　おもしろいもので，最初は「1人の子の体育の用具の片づけ」に限定されていたものが「複数の子」になり，そのうちに「別の場面」へと波及していきます。ケガをした子に声をかける。体育で使ったビブスを自分の分以外もきれいにしていく……など。価値づけしていくとどんどん広がっていきます。

02 声かけは内面の成長を意識する

　宿題として漢字の練習を出していました。すると，普段は丁寧な字で書いてこない子が，たまたまきれいな字で書いてきました。さて，そんなときにどのようなコメントを書いたり，声かけをしたりしますか。

　ほめるときのスタンスとして，「結果をほめる」というのと「過程をほめる」というのがあります。下図の場合，結果は文字の丁寧さをほめること。過程は練習に力を入れていたことをほめることです。

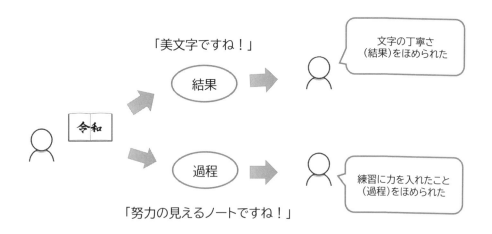

内面に目を向ける

さてさて，いろいろな子育ての本などにもよく「結果より過程（内面）を
ほめましょう」と書かれていますが，みなさんはどのように考えますか。

私は，「両方に目を向けつつ，ウエイトは過程（内面）に向けたらよいの
ではないか」と考えています。

前ページの漢字の練習の場合で考えると，普段字が雑だった子が丁寧に書
いてきたということは，何かしらの心境の変化があったはずです。だから
「美文字ですね」というよりは「今日のこの字，とても丁寧だよね。どれく
らい時間かかったの？ え？ そうなんだ。このがんばりは必ず成長につな
がってくるよ」と声をかけていきたいです。

そこを認めてもらえると，この子は「字を丁寧に書くこと」に対するモチ
ベーションが上がります。

結果をほめるときもあります。「普段からきれいに書くことを目標にして
いる子」なら，「美文字ですね」は最上級のほめ言葉になります。なぜなら，
その目標（結果）を達成できているからです。

このように両方に目を向けつつも，なぜ内面に目を向けるのか。それは，
内面に目を向けていると，他の場面のがんばりにつながってくると考えてい
るからです。

さきほどの，「字を丁寧に書くこと」を認められた子は「他のノートやプ
リントでも丁寧に書くこと」に意識が向いていきます。

これは，テストなどでも同じだと考えています。テストで100点をとるこ
とは，よいことですよね。でも，その結果だけに着目するのではなく，なぜ
100点（あるいは他の点数でも）をとれたのかという過程に着目させたいで
す。すると，○○という勉強方法，練習がよかったから結果が出たという考
えに行きつくはずです。そのように捉えられるようになってくると，どんど
ん他のことにも応用がきいてくるのではないでしょうか。

03 道徳教育と道徳の授業の関係性

　道徳教育と切っても切れない関係にあるのが，道徳の授業です。

　道徳の授業は心の種まきだと考えています。年間で35時間（1年生は34時間）。1時間かけてじっくりと話し合い，考えを広げたり，深めたりする大切な時間です。

　道徳教育はいろいろな場面での子どもとの関わり方に関係しています。

　さて，これら2つにはどのような関係性があるのでしょうか。そこを意識して学級経営をパワーアップさせていきたいものです。

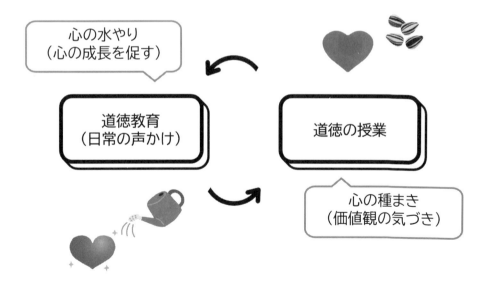

心の水やり
（心の成長を促す）

道徳教育
（日常の声かけ）

道徳の授業

心の種まき
（価値観の気づき）

道徳教育と道徳の授業の相乗効果

みなさんは，学級経営の「核」をどこに置いているでしょうか。私はこの質問を受けたら間違いなく「道徳」と答えます。

「道徳」には「道徳教育」と「道徳の授業」があります。それぞれどのように学級経営と結びついているのでしょうか。

「道徳の授業」に関しては，「生き方を見つめ直す時間」だから大切……それもそうですが，そこまで大きく考えなくても，「自分が思った『価値観』について，友達と話し合い，受け入れてもらう時間」と考えれば，その大切さが見えてきます。

他の教科と違うところは，子どもたちの言う意見が自分の「経験」や「価値観」に基づいたものだというところです。自分の「価値観」は人と違いがあることに気づき，そしてその違いを受け入れるという行為は，友達のことを認めて受け入れることにつながってくると考えています。

「人のことを大切にする」ということは学級経営で大切にしたい柱でもあります。

一方で，道徳教育は日常の様々な場面で出てきます。先述したように「声かけ」は，まさに道徳教育の一部ですよね。

これらの「道徳」は実は密接につながっていると考えています。

道徳の授業で，「親切」や「思いやり」について，じっくりと考えてその価値観に気づいたことが実際に日常の行為行動で表れてきます。そこで内面を認めるような声かけをすると，その部分が自分の中で自信につながっていきます。この「心の種まき」と「心の水やり」を繰り返すことで成長を促していきたいのです。種まきをして水やりをしなければ，種は育ちません。逆に，水やりばかりしていても種がなければ芽吹くことはありません。この2つが回りだしたときに，大きな心の成長が見られるはずです。

04 人生哲学で学級のよき風土を育てる

　子どもたちの心の成長を促すには，日頃の声かけが大切だということは，前項で述べました。

　ですが，何かが起こってからの声かけだけでは，後手になってしまいます。例えば，「親切」な行動があったからほめる。もめごとがあったから指導する。それだけでは，子どもたちの心の成長に作用することは難しいでしょう。「何もないとき」こそ，心の成長を促す声かけをしたいのです。

自分で考える

言葉を残しておく

黒板で説明する

「価値観」に向き合う時間をつくる

　子どもたちは朝に集中力が高いということは、「話し方・聴き方」のところで述べた通りです。そこで、朝の会のときに、本や学習会で学んだ「価値観」に関する話をしています。

　「価値観」は人生をよりよく生きるためのものという考えから「人生哲学」という風に名前をつけています。小学生にとっては少し背伸びした名前かもしれませんが、それがまた刺激になっているはずです。

　なぜ子どもに語る時間を大切にしているかというと、語りには「治療的な語り」と「予防的な語り」があると考えているからです。

　読者のみなさんは健康に毎日を過ごしたいですか。健康に過ごしたい人はケガをすると治療をしますし、風邪をひくと薬を飲みますよね。これらは「何かがあった」から対処している。つまり、治療をしているという状態です。治療は健康に過ごすためにはもちろん大切です。ですが、治療だけでは丈夫な体にはなりません。丈夫な体にするためには「予防」も大切です。

　「治療的な語り」は前ページで述べたような何か起こってからの語りです。

　一方で、「予防的な語り」は何かが起こる前の語りです。私は黒板にテーマとなることを書いて、そこから話をスタートします。図にある「努力は2倍大切」というのは『やり抜く力』（アンジェラ・ダックワース著、ダイヤモンド社）で学んだ話です。「みなさんは、努力と才能はどちらが大切だと思いますか？　実は、とある大学の研究で答えが出ました」このように問いかけから始めていき、黒板に言葉の式を書いて伝えていきました。

　今回は言葉の式化でしたが、イラストを添えるときもあります。言葉だけでは伝わりにくいことは、こうやって黒板を使ったり、ときにはスライドを使ったりします。視覚的にわかりやすくすることで、理解を促し記憶に残りやすいように一工夫しているというわけです。

語りの効果を継続させるために

これらの言葉は，聞いたときはハッとなり，「そうだったんですね！」となりますが，子どもたちは言われたことをすぐに忘れがちです。

そこで，私は教室の後ろの壁などに言葉を掲示して残すことにしています。すると，子どもたちの「行動」と結びつけて，「努力は2倍大切だったよね」ともう一度語ることができます。一例を紹介します。

○「1人目の勇者に続く勇気を」

ファーストペンギンの話です。1人目の勇者，つまり前を走れるリーダーが活躍するのは素敵なことです。ですが，クラスとして成長するには，そのリーダーに続くフォロワーシップも大切ですね，という話です。これは，学級委員を決める際に使っている話です。

○「スランプは飛躍の前ぶれ」

子どもが努力しているけれど，なかなか結果が伸び悩んでいるときにする話です。スランプが起こっているときは，爆発的に成長するための準備の時間なのです。そして，「学習の成長曲線」を黒板にかきます。

○「Win-Win を考える」

誰かに物申すとき，「相手を負かす」ことだけを考えていては，摩擦が生じてその後の人間関係はよくなりません。言われた方も納得できるように，相手の意見も尊重しながら伝えていくことを大切にします。理想は自分も相手も Win の状態になることです。

この掲示は，似たような場面に出会ったときに生きてきます。例えば体育館での全校集会などで意見を求められたときに挙手した子がいれば，「1人目の勇者だね」と声かけをすることができます。そこに続いて挙手した子がいたら，その子のことも「1人目に続く勇気があったね」とほめることができます。

さらに飛躍させるために

　さらに，成長を飛躍させるために大切にしていることがあります。それは，一方的にこちらから伝える段階から，考えて伝え合う段階，発信する段階を意識するということです。

　こちらが語ったことやそこから考えたことをメモしておくというのは，語り合うための第一歩になると思います。おすすめは，時間割の予定表ファイルにメモを貼りつけておくことです。時間割は毎日見ますので，普段から目に入りやすくなります。

　また，予定表のところに貼りつけているので，保護者の目に入る確率も高まります。すると，保護者と語る機会も生まれてきます。学級通信に「人生哲学」について載せるときがありますが，この子どもの手書きのものが学級通信のかわりの役割を果たしてくれていると言っても過言ではありません。

　写真は実際に子どもが書いたものです。図をいっぱいかく子もいれば，１ページに自分の思いをたくさん書く子もいます。

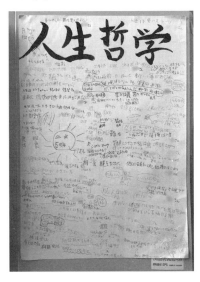

道徳教育
....

05 失敗から学ぶこと

　何をやってもうまくいって，成功ばかりです！と，まぁそんな人生はないわけです。物事に挑戦したら，「失敗」と「成功」がつきものです。

　しかし，学校現場や子育てにおいては，「失敗」させないようにと先回りして手立てを講じることが非常に多いような気がしています。

　もちろん，「立ち直れない」レベルの失敗は回避する方がよいです。ですが，「失敗」から学ぶことも，たくさんあるのではないでしょうか。

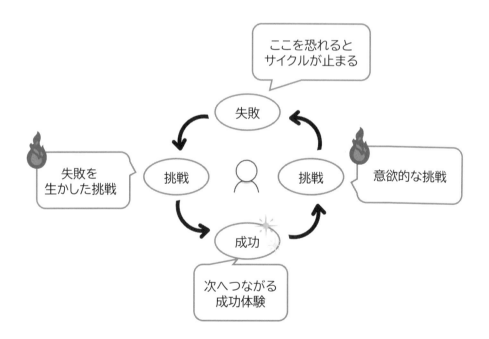

失敗を経験させてあげる

　学校現場で「失敗」を経験させる機会が少ないのは，なぜでしょうか。おそらく「時間や心のゆとりがない」ことや「失敗させるよりは成功させた方がよい」という考えがあるからではないでしょうか。

　5年生の担任をしたときのことです。学級会で「クラスがより仲良くなるためにお楽しみ会を開こう」という議題で話し合うことになりました。そこで決まったのが，バケツリレーでした。

　バケツリレーは，保育園や幼稚園のときにやったことがあって楽しそうだから，自分たちでも企画・運営から進めていって行いたいということでした。さて，この企画はうまくいくのでしょうか。私は「お試しの時間」をとることにしました。

　やってみて発見したことがありました。まず，学校にあるバケツに水をたっぷり入れて運ぶと重すぎて持てないということが判明しました。そこで，子どもたちは話し合いをして，2Lのペットボトルを使うことにしました。これもやってみると，注ぎ口が小さすぎて，全くこぼれずおもしろくないということが判明しました。そこで，ペットボトルの上部を切ってやることにしました。さらに話し合いを重ねて，勝敗をつけるために，ペットボトルに赤のマジックペンであらかじめ線を入れておくことに決定しました。最初に入っていた水の量からどれくらい減らさずにリレーができたかということを測定するためです。

　これは一例ですが，「失敗」を経験したからこそ，アイデアが出てきたと思っています。もし，この「お試しの時間」がなくお楽しみ会当日を迎えていたとしたら，本番で失敗してしまい，楽しくない思い出として心に残ったことでしょう。

　他の学習でも同じことがいえると思います。「失敗」したからこそ「改良」があり，「成功」へとつながっていくことを実感させたいですね。

06 叱るときの鉄則

　「叱る」のは，何のためでしょうか。子どもたちの成長を願ってのことだと思います。

　私なりに「叱る」ときに意識しているのは，右の方の①～③です。これは，アーティスティックスイミングのコーチである井村雅代氏の教えです。そして，その逆を考えると自ずと NG の叱り方が見えてくると思っています。

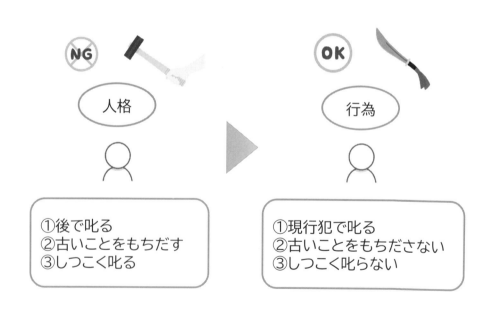

人格

①後で叱る
②古いことをもちだす
③しつこく叱る

行為

①現行犯で叱る
②古いことをもちださない
③しつこく叱らない

後々引きずらない叱り方

「叱る」という言葉の語源を調べてみたらおもしろかったので，紹介します。叱るは「口」「切る」の象形から成り立っているとのことでした。

これは，私の思う「叱る」のイメージにまさにぴったりでした。前ページの図にあるように，叱るときにはスパっと刀でその子の行為を切るイメージがよいと思っていたからです。逆の叱り方は，子どもに響かない叱り方だと思っています。ハンマーでボコボコたたき続ける叱り方といえるでしょうか。例えば，子どもが宿題を忘れたときにどのように声をかけるか。

「もう，何回言ったらわかるの！　この間も忘れたよね！　直す気はあるの？」

この叱り方は，子どもたちに響くでしょうか。「叱られたくない」から持ってくるという効果はあるかもしれません。ですが，それが本当に「成長」といえるのかは立ち止まって考えなければいけません。

「そっか。忘れてしまったのか。宿題はできたの？　できなかったの？　できたけど，持ってくるのを忘れたんだね。では，どうすれば，次は忘れないかな。一緒に考えてみよう」

大体のことは，このように諭すように語りかけていけば，子どもたちに通じていきます。この場合は「終わったらすぐにランドセルに入れる」「時間割のところにチェックを入れる」などの具体的な答えが出てきます。これが，成長につながります。

唯一，例外だと感じているのが，「命や安全」に関することです。窓から身を乗り出そうとしているときなどを思い浮かべてください。これは，その場で厳しく叱ります。ただし，叱った後には諭すがきます。「今のは，何がいけなかった？　先生はすごく心配したよ」と伝えていき，「行為」に目を向けるようにしていきます。間違っても，人格を否定するような叱り方にはならないように，気をつけていきたいものですね。

07 やさしさと厳しさは同居する

　読者のみなさんは、「やさしい先生」といわれますか。それとも「厳しい先生」といわれますか。

　私は、もともと性格が穏やかな方なので、「やさしい先生」といわれていました。それだけならまだよかったのですが、「甘い先生」ともいわれました。あまり怒らない、叱らない……そんなイメージだったのでしょう。その言葉を受けて、私なりにずいぶんと悩み、1つの結論が出ました。

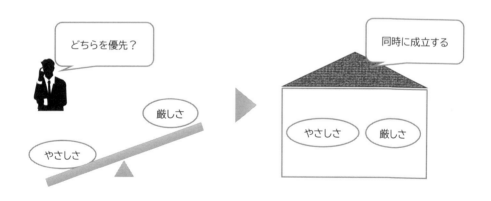

どちらかを優先させるのではなく……

　若手の頃の話です。「もっと子どもに厳しくしなくちゃ，だめだよ！」そのような教えを受けて，子どもたちに厳しく声かけをするようになりました。掃除ができていない子がいたら叱る。宿題を出せていない子がいたら叱る。いろいろな場面で，前よりも厳しく叱りました。

　さて，結果はどうだったでしょうか。少し効果が出て，子どもたちの「サボり」行動は収まったように思われました。

　でも，時間が経つと，またサボりが始まります。そして，前よりもさらに厳しく叱らないと，動かないようになりました。どんどんエスカレートする悪循環が生まれていきました。

　なぜこうなってしまったのでしょうか。おそらく，彼らが「叱られないために」動いていたからではないでしょうか。サボりの行動の根本を見つめ直さないと，一時的に改善されたとしても効果の持続は望めません。

　「やさしさ」と「厳しさ」のバランスを模索する日々でした。「やさしくする」：「厳しくする」の割合を5：5にすればよいのか，7：3でやさしさ重視でいくのか，それとも……。このように悩み続ける日々でした。

　悩んでいるうちに気づいたことがあります。それが，タイトルにもある「やさしさと厳しさは同居する」ということです。

　「厳しく伝える」ことだけが，厳しさではないのです。日頃のスタンスとしてはやさしくありつつ，「なぜそうするのか？」「どうすればできるようになるのか」を問い，一緒に考えるのも厳しさにつながると考えました。「答えが与えられる」のではなく，「自分で考えなくてはならない」という接し方は子どもたちにとっては厳しい接し方です。でも，これは子どもに成長してほしいと願うやさしい接し方でもあります。私はこれからも，「やさしくて厳しい先生」であり続けようと思います。

08 教室言葉はポジティブにする

　みなさんは，ポジティブですか。それともネガティブですか。私は，どちらかというとポジティブな方です。

　ところで，日本人はネガティブな人の割合の方が多いようです。これは，子どもたちにも同じことがいえるでしょう。「どうせ〜できない」「面倒くさい」といった言葉がクラスにあふれかえっている。そんなこともあるかもしれませんね。

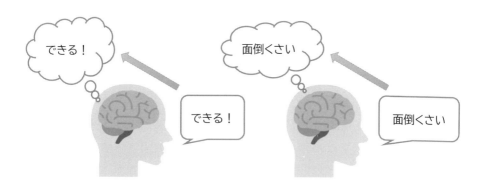

人は雰囲気で動く

　6年生の国語の教材に中村真さんの「笑うから楽しい」という教材があります。簡単に説明すると，「人は楽しいから笑うのではなく，笑うから楽しいのだ」というものです。これは，心理学の世界で実験も行われて実証されているそうですが，肌感覚でも感じていることです。

　「できない」や「面倒くさい」と口に出して言うと，それを聞いた脳がそのように思い込んでしまい，行動にブレーキがかかってしまいます。教室だとその言葉を聞いて連鎖的に「できない」という声があがり，できないモードに入っていってしまうときがあります。

　あるとき，おもしろいことが起こりました。国語の授業で作者の考えに対して，自分はどのように考えたかを原稿用紙にまとめるという授業を行いました。その説明をしたときに，「うわ！　おもしろそう！　作文に書けるなんて最高や！」と作文が好きな子が言いました。そのクラスは粘り強くみんなが作文を書き進め，平均して原稿用紙2枚を超えて書いていました。

　同じ課題を別のクラスでも私が教えることになり，課題を発表すると「えー。面倒くさい」という声があがりました。そのクラスは平均して1枚くらいで作文を書き終えてしまいました。

　実は，どちらのクラスも学力差はほとんどなかったのです。でも，粘り強さには差が生まれました。

　その言葉を聞いたから……とは一概にはいえませんが，「おもしろそう」という雰囲気と「面倒くさそう」という雰囲気とでは，結果が変わってくると思いました。

　以降，「ネガティブに思うのは自由だけど，口に出すのは控えた方がいいよ。脳は勘違いする性質があるからね」という話をしています。いきなりネガティブ言葉を禁止するのではなく，ゆるやかに減らすことを目指していきます。

01 教師がアホになれ

　教師という字，「教」える「師」という意味ですよね。子どもたちに教えるからには，正しい情報を完璧に教えなくてはいけない。そう思っていました。

　ところが，「完璧な授業」をしていたら，子どもたちの出番はなくなるんですよね。ちょっと隙があるくらいの方が，子どもたちが活躍する出番があります。では，どんな隙があるとよいかというと……。

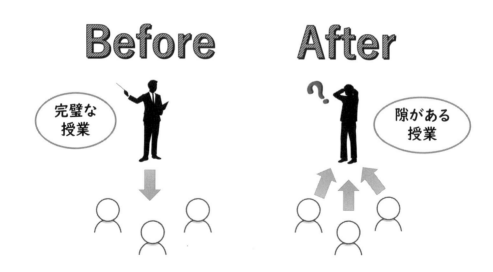

学年によって隙は変えていく

「隙」がある，つまり困っている様子を見せると子どもたちは助けようとしてくれます。

1～3年生の場合と4～6年生の場合とで分けて考えていきましょう。

まずは，1～3年生の場合。淡々と授業を進めるよりも，先生が「隙」を見せた方が，子どもたちの食いつきもアップします。

例えば，授業の中のやりとりで，「んー。みんなの言ってくれたことを言い換えると……何だったかな。ここまで（喉元）出かかっているんだけど」という言い回しをしていると，「先生！　それは〇〇じゃないですか！」と子どもたちが積極的に答えてくれます。

単純に言い回しを変えるだけの話なのですが，黒板を見ながら，「今回の話し合いの似ているところはどこですか？」と発問するよりも，「ちょっと待って。黒板をじーっくりと見ると……何かひらめきそうなんだけど……う～ん」と黒板の前で悩んでいた方が子どもたちも頭をひねって考えようという意識が働いてきます。

4～6年生の場合はどうでしょうか。あまりにもわかりきったことに対して，「んーわからないなぁ」と言っていると，子どもたちは「そんなことも知らないの」となりがちです。

子どもが言った意見に対して，技を使っていきます。「今の〇〇君の意見，なんとなくはわかったんだけど，詳しく知りたいなぁ。誰かかわりに説明できる人いますか？」といった具合です。

高学年の道徳の授業なら，私自身が本気でわからない場面も出てきます。「友達と親友の境目って何だろうね。先生もじっくりと考えてみたんだけど，わからなかったんだよ。一緒に悩んでみない？」

このように，声かけをします。「先生でさえわからなかった」ので，子どもたちは解き明かしてやろうという意欲が出てくるようです。

02 パペット活用の幅を広げる

　教室で「パペット」を使ったことはあるでしょうか。パペットは，活用できる場面がたくさんあります。

　授業のときに使うのはもちろんのことですが，他にも「あいさつ」をするときや「自習のとき」「遠足のとき」にも大活躍してくれます。

　主に低学年で使いますが，「パペット」をうまく使うことで，子どもたちの意欲を引き出していけますよ。

あいさつ

自習のとき

１人２役の授業

遠足のとき

パペットでマインドを育てる

　教室では，「孫の手も借りたい」というような状況がたくさんあります。そんなときはパペットの登場です。実際に手が増えるわけではありませんが，うまく使いこなすと1人2役の効果があります。

　まずは，授業のときです。「教師がアホになれ」といったものの，さすがに1年生相手でも「5＋7の計算がわからないから教えて」とは言えないですよね。「先生はそんなことも知らないのか」となってしまいそうです。

　そこで，パペットの登場です。パペットも小学校に行っている設定で，楽しくやっていきます。「5＋7は習ったんだけど……どうやってやるんだったかな……誰か教えて！」というようなセリフを言います。

　子どもたちは実は「教える」という行為が好きです。黒板のところまでやってきて，やり方を教えてくれます。

　他には，道徳の教科書の範読の際にも役に立ちます。登場人物が2人出てくるときは，「先生はAの役を読みます。パペット君はBの役を読みます」と伝えて実際にそのように動かしながら読みます。これは，子どもたちにとって視覚的な支援にもなります。

　他にも，おすすめの使い方が「さようならのときにパペットとハイタッチする」という使い方です。「明日もくるね！」と子どもの精神安定剤として働いていました。自習や遠足のときにも使えます。「パペット君がみんなのことを見ているからね。後でみんなのよかったところを教えてもらいます」と伝えておき，パペット君から様子を聞きます（実際には，子どもたちの様子をチラッと見ておきます）。その後，がんばっていたところなどを伝えると，「え！　なんでわかるの？」と驚きの声。「先生が見ていない」という状態から「誰も見ていないときでもがんばる」というマインドを育てていくことにつなげていきたいと考えています。

03 「静」と「動」を使いこなす

　授業の中で，静かに活動する時間と活発に動く時間をどのように使い分けているでしょうか。

　どんなに授業の構成がよくても，静かにずっと聞き続ける時間が長すぎると，子どもたちは飽き飽きしてしまいます。

　逆に，活動の時間ばかりでは，「活動あっても学びなし」になりかねません。では，「静」と「動」のほどよいバランスはどのようなものでしょうか。

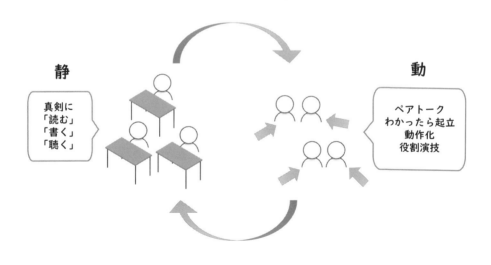

「動」があるから「静」が生きる

　子どもの集中力は「年齢＋１分間くらいである」ということが子育ての本に書かれています。授業の時間は小学校で45分間。仮に，高学年を対象に考えたとしても15分くらいで集中力の限界がくるといってよいでしょう。低学年なら，10分くらいが限界ですね。

　ここに授業の構成を考えるカギがあります。授業の構成は高学年で「15分×３」，低学年で「10分×４＋５分」と考えるとわかりやすくなります。

　そして，その構成を「動」→「静」→「動」→「静」と交互になるサイクルで組んでいきます。

　低学年の道徳を例に考えてみましょう。

①自分の経験について立ち歩いて３人の人に伝えに行く（動）

②教師の教材範読を「本時の視点」を意識しながら聞く（静）

③教材文にある登場人物の動きを動作化する（動）

　　例：「こっそり拾って持って帰りました」ってどんな動き？

④中心発問について，自分１人で考えてノートに書く（静）

⑤考えたことをもとに，ペアまたはグループで話し合う（動）

⑥全体交流をする。挙手→指名だけではなく，つぶやきを拾い全体に問い返していくなどして，クラス全体の思考を活発化させる（動）

⑦１時間で学んだことを振り返り，ノートに書く（静）

　いかがでしょうか。低学年の道徳を例に示しましたが，どの教科でも同じことがいえます。さらにいうと，低学年だけではなく，中・高学年でも基本的には同じです。

　途中で「動」の活動が入るからこそ，心身のリフレッシュとなり，「静」が生きてきます。逆に「静」の時間があるからこそ，「動」での交流がより活発なものになるともいえます。このように「静」と「動」のバランスを意識して授業を組むと集中力が保たれます。

04 導入で勝率を上げる①

　授業で大切なのは，一番山場となる発問であったり，活動であったりすることは間違いないです。

　でも，授業の導入もそれに匹敵するくらい大切だと考えています。なぜなら，導入で子どもたちの「考えたい」「調べたい」という意欲を引き出すことができたら，その後の活動への力の入れ具合が変わってくるからです。

　そういう意味で，「導入が成功したら勝率が上がる」と考えています。

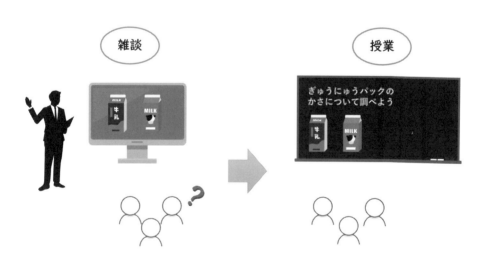

雑談から授業に入っていく

チャイムが鳴りました。そこで，おもむろに話を始めます。

「いやぁ，この間，カレーライスをつくることになってね。○○のスーパーに行ってね，ニンジンとジャガイモとタマネギを買ったんだよ。そして，お肉を買って……みんなの家ではカレーに何を入れるのかな？」

「先生と同じです！」「隠し味にリンゴを入れます！」

「先生の家でも，隠し味を入れるんだけどね。それがね。牛乳なんだよ」

「ところで，変わったデザインの牛乳パックがあったから，買ったんだけどね，めちゃくちゃお得だった！　いつも買っている牛乳は『1 L』と書いてあるんだけどね，今回のは『900mL』と書いてあったんだよ。かなり量が増えていると思わない？（写真提示）」

おわかりいただけたでしょうか。前半のカレーをつくる話は，算数とは全く関係のない話です。いわば単なる雑談なのですが，ここに勝率を上げるポイントが隠されていると思っています。

第一に場が和みます。雑談をしているだけなので，授業をしているとは誰も思っていません。子どもたちは「もっと話を聴かせて」という状態になっています。

第二に授業と関係のある雑談をすることによって，生活の場面を思い浮かべることができます。教科書通りだと，「1 L ＝1000mL」ということを確認するだけの味気ない授業になってしまいます。

教師の経験から話すシリーズはどの教科でも応用がききます。例えば，回転寿司に行ったときに，その写真を撮っておけば，5年生の水産業の導入に使えます。ファミレスで食事をしたときに写真を撮っておけば，食料自給率の話にもつなげることができます。

アンテナさえ張っておけば，導入に使える話はそこら中にありますよ。

05 導入で勝率を上げる②

「導入で勝率を上げる①」では，教師の雑談からスタートすることを紹介しました。でも，読者のみなさまからは「雑談のネタなんてそうそうないよ」や「それはハードルが高いよ」という声が聞こえてきそうです。

雑談もすればするほど，腕が磨かれていくものなのですが，それはさておき，トーク以外でも使えるモノはどんどん使っていきましょう。「映像・音」「実物」などは，使えば子どもたちの心をグッとつかめます。

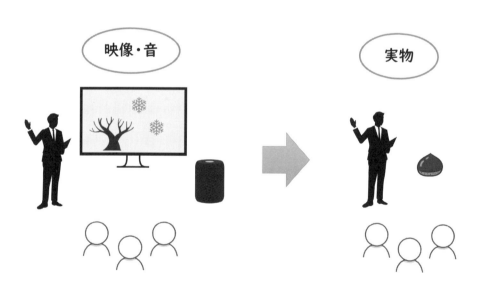

使えるモノはどんどん使う！

どんなに話すことが上手な達人でも，敵わないものがあります。それは，「映像・音」「実物」のもつパワーです。ここでは，低学年の道徳教材「くりのみ」を例にこれらの活用方法について説明します。

「まずは，この写真を見てください」（枯れ木の森の画像。いかにも寒そうなものを提示する）

「あ，音が聞こえてきますね」（スピーカーから風が吹く効果音を出す）

ここまでで，発問しなくても子どもたちの口からは，

「うわぁ，寒そうだなぁ……」

とつぶやきが出てきます。

「ここに食べ物はあると思いますか？」

「ないと思う！」「あっても少しなんじゃない」

このようにして「寒くて食べ物が少なそう」という状況を確認した上で実物の登場です。

「じゃーん！　これほしいですか？」（画用紙などでつくったくり登場）

「ほしい！　ほしい！」

「でもね。数がないんだよ。そういうときはどうするかな」

と，このように話を進めていきます。

ここまで読み進めてくださった方にはわかったかもしれませんが，実はこれは教材の状況と同じなのです。キツネはどんぐりをたくさん見つけたけれど隠した。ウサギはくりを２つ見つけたうちの１つをキツネにわけてあげた。

映像や音，実物（今回はつくったモノでしたが）があるおかげで，「食べ物があまり見つからない状況の中で，食べ物をわけてあげたウサギのあたたかみ」に気づくことができます。

道徳を例に説明しました。実際に教師が撮った写真などは，提示した瞬間に子どもたちが惹きこまれていくので，その後の学習意欲も変わってきます。

授業づくり

06 オープンとクローズドの組み合わせ

「オープンクエスチョン」と「クローズドクエスチョン」という言葉を聞いたことがあるでしょうか。

オープンクエスチョン（以下オープン）は，選択肢がなく，回答者が自由に答えを出せる質問のことです。クローズドクエスチョン（以下クローズド）は，選択肢を用意してその中から選ばせる質問のことです。

では，授業の中ではどのように使い分けるとよいでしょうか。

open

○そもそも～？
○なぜ～？

友情

closed

○どちらが～？
○どの場面が～？

①Aの場面
②Bの場面
③Cの場面

クラスの実態や教材によって使い分ける

オープンとクローズド，レベルが高いのはどちらでしょうか。

答えはオープンの方です。「そもそも友情って何だと思いますか？」このように投げかけられたら，読者のみなさんだって即答するのは難しいでしょう。答えるのが難しい分，多種多様な意見が出てきそうです。

では，クローズドの方はどうでしょうか。「2人の友情が深まったのは，A，B，Cのどの場面でしょうか？」このような問いだったら，A〜Cの中から選ぶことはできそうです。そして，選んだ後に理由を聞くと，スムーズに答えられそうです。

さて，授業ではオープンとクローズドを「どのように組み合わせるか」ということが大切になってきます。

教材自体が子どもにとって身近な場合は，オープンから問い始めるとよいでしょう。なぜなら，身近なものは自分の経験と照らし合わせて答えることができるからです。

例えば，国語科の教材「帰り道」の学習なら，「『帰り道』と聞いてイメージすることは何ですか？」と聞けば，子どもたちは下校時のことを思い出して話してくれそうです。

逆に，身近ではないものを扱うときは，クローズドを使うとよいです。例えば，社会科なら「都道府県の数は次のうちのどれ？」という風に3択クイズから入るというのもよいでしょう。

身近なものではないときに，オープンで問うと難しくて答えられない場合があります。例えば「美しい心って何だと思う？」などの問いです。難しい問いにもどんどん答えるクラスならよいですが，そうでなければクローズドを挟んで答えやすくするというのも1つの支援になります。教材のレベルや子どもの実態に合わせて，オープンとクローズドを組み合わせ，子どもが乗ってくる授業構成にしたいですね。

07 問い返しの極意とは

　発問には，いろいろなタイプがあります。その１つが「問い返し発問」です。問い返し発問には，話し合いを「進める」「広げる」「深める」型があります。（前著『おもしろすぎて授業したくなる道徳図解』より）

　この問い返し発問は，なかなか運用が難しく，私も初任の頃から長らく身につけられていませんでした。ここでは，問い返し発問を最大限に生かす方法を紹介していきます。

Before

１対１のやりとり

とり残される

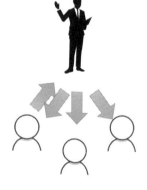

After

全体で考えられる

常にクラス全体を意識する

実は，問い返し発問はかなり難しいと思っています。

「親友になるためには，何が大切かな？」と発問して，子どもから「仲良くすることです」という答えが返ってきたとします。そのときに「なるほどね」と言いながら板書を進めていく……という姿をたくさん見たことがあります。（私自身も初任の頃から数年はそのような感じでした）

そのまま板書してしまうと子どもの思考はそれ以上広がったり，深まったりしません。そこで「問い返し発問」の登場というわけです。「問い返し発問」がなくても授業は成立しますが，子どもの意見をただ受け入れるだけだと，スパイスのきいていないカレーのような感じになってしまいます。

さてさて，問い返し発問が意識できるようになって，実際に授業内でできるようになったら，レベルとしてはかなり上がっているといえそうです。ですが，次の壁が存在しています。それが「教師と子どもの1対1のやりとりに終始してしまう」というものです。

さきほどの例で，「仲良くすることです」に対して「なぜ，仲良くすることが大切だと思ったの？」というような問い返し発問をするとします。これが，「その子だけ」に問い返したものだとしたら，思考が深まるのは「その子だけ」になってしまいます。

そこで，答えてくれた子も含めて全体に問い返していくことを大切にします。「今，○○さんが仲良くすることが大切って言ったけど，それはなぜだと思う？」と全体に聞きます。

ここで，すぐに意見が出てきそうならテンポよく進めるのもよいですが，悩む様子があるなら，すかさず「では，隣の人と話し合って考えてみてください」と改めて全体で考える問いにしてしまいます。取り上げられた子は，クラス全体で考えることになるので，満足感が高まります。

08 ネームプレートは 万能アイテム

　ネームプレートは学級のシステムを形成する上で大切なアイテムの1つだと思っています。

　活用している方は多いと思いますが，ここでは活用の幅が広がるように，いろいろな活用方法を紹介します。

　①予約システム，②誰の発言かを明確化する，③その他の活用です。これらを使いこなすと，効率よくシステムを回すことができるようになります。

活用①　　活用②　　　　　　**活用③**

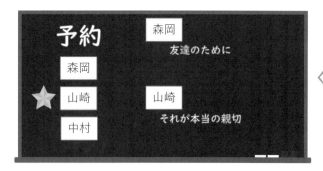

効率を求めて……

　これまで，「授業づくり」に関しては，マインドに関わることをたくさん紹介してきました。ここでは，システムに関わることとして「ネームプレートの活用」について紹介します。

　活用①は「予約」の使い方です。子どもたちを一人ひとり指導したい，そういうときにこの使い方をします。子どもたちを列に並ばせてプリントを持ってこさせて丸をつける。よくある光景ですね。列がすぐにはけるようなもの（例えば1人あたり10秒くらいでチェックできるもの）なら，このやり方でも待ち時間はないのですが，指導を必要とするもの（例えば，作文の添削やプレゼンの指導など）では，列に並ばせていると効率が悪くなります。

　そこで，黒板にネームプレートを貼らせて予約制にして呼んでいきます。順番がきたら，星などのマグネットを貼り，担任のところへ行って指導を受けるシステムです。こうすることによって，待っている子は他の課題に取り組むことができます。

　活用②は，意見を板書したときに貼るというものです。この使い方にはメリットが2つあります。1つ目は，やはり名前が貼られるということで意欲が高まり発言する子が増えることです。2つ目は，授業後にネームプレートが貼ってある状態で板書を撮影しておくと，誰がどのような発言をしたかの記録になることです。特に道徳は，教科化されて所見を書くことになりましたので，発言を記録するという意味で，時短につながります。

　活用③は，みなさんもされていることだと思います。当番ぎめや係ぎめ，あるいは，授業の中である事柄に対して「賛成」「反対」など自分の立場を表明するのに便利です。可視化されるので自分の意見を他の子も認識できる点がよいですね。

　このように，ネームプレートを活用すると，効率よく指導を進めていったり，記録したりすることができるので使って損はないですよ。

09 自己内対話で高める

　道徳科の学習指導要領解説に「考える道徳」「議論する道徳」という言葉がキーワードとして出ています。

　「考え，議論する道徳」になるためには対話が必要ということで，挙げられているのが，①他者との対話，②教材との対話，③自己内対話です。

　「自己内対話」は，道徳科以外の教科……ひいてはすべての学習に通ずる究極の「マインド」ではないでしょうか。

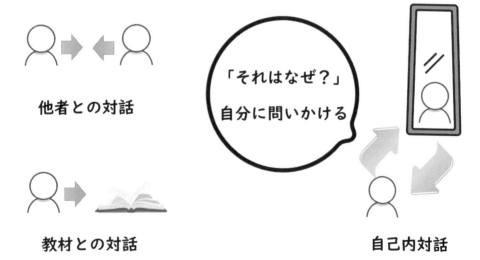

他者との対話

教材との対話

「それはなぜ？」
自分に問いかける

自己内対話

「自己内対話」は究極のマインドである

　「他者との対話」は，どの学年，どの教科でも行われているものです。ですが，「対話」は意外に難しく，自分の考えを伝えるだけの「発表会」になってしまっているケースが多々あります。

　相手の意見や考えに対して，共感したり，質問したり，考えを述べたり……これをお互いに繰り返せるようにならないと「他者との対話」が十分にできているとはいえないでしょう。

　学級では，まず「他者と対話する」ことの大切さを伝えていきます。この「他者との対話」は慣れてくると低学年からすることができます。

　「教材との対話」は教材文を読んで自分なりに考えをもつということです。「自分なりに考えをもつ」というのも，低学年からでもできることです。

　さて，難しいのが「自己内対話」。言い換えると「自分との対話」についてです。これは，低学年には難しく，本格的にできるようになるのは高学年からだと考えています。

　「親友になるには何が大切かな？」という問いに対して「仲良くすること」と考えたとします。そこで鏡の中の自分（イメージ）に問いかけます。「仲良くするためには何が必要かな？」と問うと答えが返ってきます。「やさしい声かけをすることです」そしてまた問いかけます。「例えばどんな声かけ？」これを繰り返すことが自己内対話です。自己内対話ができると自分ひとりで考えを深められると高学年の子どもたちに伝えていきます。

　これができるようになると，人生が豊かになります。例えば，「私は将来建築家になりたいと考えている」なぜ？「何かをつくることが好きだから」例えば？「大きいモノをつくってみたい気持ちがある」このように自分の将来のことについて考えるときにも応用できるからです。もちろん他の教科でも同じように「自己内対話」は使えます。これが究極のマインドといえる所以です。

01 「どうやってやるのか」より「なぜやるのか」

　「大きな行事が近づいてくる」となったとき，学年会では，どのようなことを話すでしょうか。おそらく，話題として多いのが「教師の役割分担」「スケジュール調整」「練習方法」などの検討ではないでしょうか。

　たしかに，これらのことは行事を無事に完遂するために必要なことです。ところで，一番大切な「なぜやるのか」が置き去りになってしまっていることはないでしょうか。

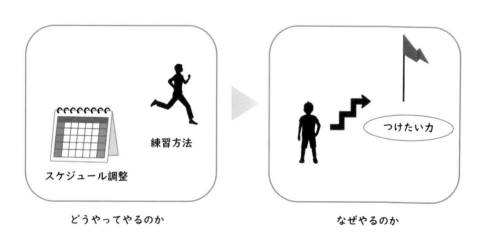

スケジュール調整　練習方法

どうやってやるのか

つけたい力

なぜやるのか

本質を忘れてはいけない

　行事のスケジュールはなかなかに厳しいものがあります。学校にもよりますが，秋に運動会を実施する場合は，夏休みが明けたらすぐに練習を始めていかなければ間に合わないというケースがあります。

　学習発表会などの行事も忙しいスケジュールの中で行われます。忙しい日々を送っていると，気がつけば練習を始めなくては間に合わない時期……という事態に陥っていることが多々あります。

　ここで，立ち止まって考えてほしいことがあります。「そもそも行事は何のためにあるのか」ということです。

　前ページの図にも載せていますが，行事は，子どもたちに何かしらの力をつけるために実施されますよね。

　この「つけたい力」という部分をあらかじめ考えなくては，「練習方法」や「スケジュール調整」もうまくいかないと感じています。

　6年生を例にして考えてみます。運動会を通して子どもたちに「団結力」や「協力する力」をつけたかったら，担任主導で組体操や集団行動などの演技指導に力を入れていけばよいと思います。

　ですが，「自治力（自分で考えて，動く力）」をつけたいと考えている場合は，担任主導だとその力はつきにくいです。例えば，リーダーを選出してリーダーと練習方法を決めて進めていくなどの工夫をするのも1つの手です。

　以前，6年生を担任した際には，「団結力」と「自治力」の両方の力をつけたいと考えました。初回の学年集会を行った際には，子どもたちからも「自分たちの手で」というワードが出てきていました。

　そこで，演技する曲を話し合いの末に3曲選び，1・3曲目は教師主導で「フラッグ（集団行動）」を行い，2曲目は自分たちで考えるオリジナルダンスということにしました。「なぜやるのか」を先に考えたからこそ，練習方法が決まり，おもしろいアイデアが出てきたなと実感した次第です。

02 行事と授業の関係性

　前項で「なぜやるのか」を考えてから行事に取り組むという話をしました。「なぜやるのか」を意識することは大切なのですが，もう1つ考えておかなくてはならないことがあります。

　それは，普段の授業とのバランスです。図は，授業と行事を行き来しながら山登りをしている（ゴールとなるのは育てたい子どもの姿）というイメージを表しました。

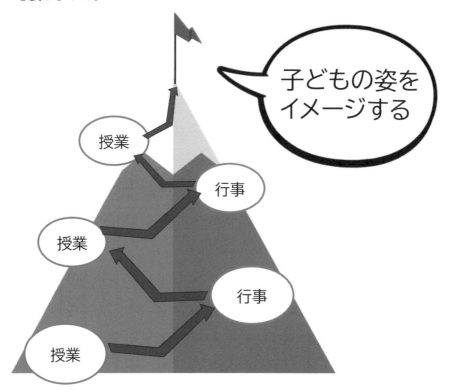

つながりを忘れてはいけない

　私が若手の頃の話です。私自身は行事が大好きでした。「子どもたちの成長したところを見てもらおう」と力を入れて準備をしていたことを思い出します。保護者に見てもらうからには，すばらしい出来栄えのものを見てもらいたいという思いがありました。

　しかし，年々，これは教師のエゴかなと思うようになりました。もちろん，子どもたち自身が行事に向けてがんばりたいという意欲をもっているなら，その意欲を高めながら行事に向けて取り組みを進めていくのは大切なことだと思います。

　ですが，いずれにしても，ここでおろそかにしてはいけないのが「普段の授業」だと思っています。

　子どもたちに「○○の力をつけたい」と願い，行事に向けて練習を進めていった結果，普段の授業がおろそかになってしまっていたらどうでしょうか。子どもたちに力をつけることはできているのでしょうか。

　むしろ，「普段の授業」でつけられるはずだった分の力がついていないという本末転倒な事態になってしまうかもしれません。

　「見栄えをよくする」と保護者の受けもよいですし，教師も満足感があります。でも，はたしてそれで子どもに力がついたのかと問われると，頭の上にハテナが飛びます。

　「見栄え」に時間をかけるくらいなら，普段の授業に力を入れた方がよほど子どもたちに力がつきます。

　満足いく出来栄えのために，「授業」をつぶして「行事」の準備に時間を割くと，前ページの図の山に登れないのではと考えています。

　行事と授業のバランスは難しいことではありますが，「子どもに力をつける」ためにはどうするべきかを常に念頭に置いておきたいですね。

03 時間を守ることは何より優先

　前項の続きの話になります。小学校では，授業時間は45分。中学校では50分。この時間を厳守して行事のための準備時間を計画していかなければいけません。若手の頃は，時間が押しても，「行事」のためになるならと延長していました。いえ，正確には行事の「見栄えのために」であり，「子どもたちにつけたい力のために」ではなかったかもしれません。さてさて，その結果は……。

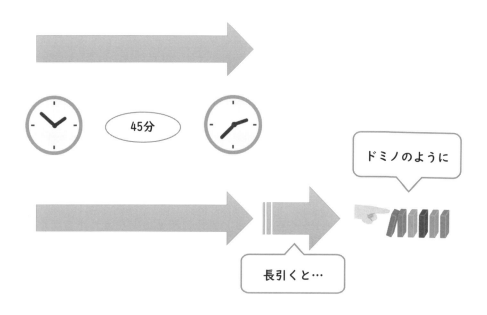

ドミノのようにくずれていく

　行事に向けての練習の時間が多少長引いてしまっても，次の授業の時間が少し減ってしまうだけなので，大した問題ではないと思っていました。授業時間が削られたときは，「どこかの時間でその授業の時間の帳尻を合わせたらよいのではないか」と考えている自分がいました。

　これが，単に時間の問題だけならよいのですが……思わぬところにも悪影響を及ぼしてきます。何に影響を及ぼしてくるのでしょうか。私は「学習規律」に影響を及ぼすと考えています。「時間通りに練習が終わらない」ということが続くと，「教師が時間を守っていない」ということをメッセージとして子どもたちに伝えてしまうことになります。

　このメッセージが伝わると，次の時間になってもなかなか授業が始まらないということが起こってきてしまいます。子どもたちの間には「練習をがんばった分，授業が始まるのが遅くても……」「先生も時間通りに終わってないし，ぼくらも時間通りに始まらなくても大丈夫」という考えが出始めてきます。

　さらに，全体がゆるい雰囲気になってしまうことも見逃せません。「時間」が守られないと，他の「ルール」も曖昧になってしまいます。例えば，「持ち物」について，学校に不必要なものを持ってくるなどは典型的な例でしょう。

　そして，行事が終わった後に残るのは……このゆるくなってしまった「学習規律」というわけです。

　そうならないためにも，「時間」を厳守することと，前項に書いた「行事と授業の関係性」は常に意識しながらやっていきたいものです。

　どうしても時間が長引きそうな場合は，場当たり的に時間を延ばすのではなく，計画の段階で修正していくのがベターだと思います。ドミノ倒しにだけはならないように気をつけたいものですね。

04 行雲流水―モチベーションの上げ下げ―

　行事の本番に向けて，練習が始まりました。子どもたちはやる気満々で，練習や準備にとりかかります。

　ところで，子どもたちのやる気はいつも100点満点かといわれると……そうとは限りません。時期によって，モチベーションは上がったり下がったりしますし，子どもによっても違います。さて，モチベーションによってどのように指導を変えていくべきなのでしょうか……。

モチベーションの上げ下げ

1週目　2週目

3週目　4週目

川が流れるように

意図的にすることが教育的か？

　どちらかというと，行事が好きな子は多いと思います。ただし，これが「準備」や「練習」となってくると話は別です。「準備」や「練習」は面倒くさいと感じることやつらさを感じることもあるでしょう。

　経験上，行事の準備が始まった最初の週は，子どもたちはやる気に満ちあふれています。「新しいことをする」というのは楽しいのでしょう。

　ですが，2週目にはやる気が上がる子もいれば，下がる子もいるように思います。やり方がわかり，上達していることを感じている子はやる気が高まっていきますが，上達を感じられていない子はやる気が停滞してきます。

　そして，3週目。やる気が下がってくることが多々あります。練習や準備に「慣れ」が生じるためです。では，そんなときに教師はどうするのかというと……一般的には喝を入れることになるのではないでしょうか。「少し雰囲気がゆるくなってきたから，全体をしめよう」といった感じです。

　そして，ラストの4週目。ここにくると，いよいよ本番が近づいてきて，子どもも大人も緊張感が増してきます。「今までよくがんばってきたね」と声かけをして励ましながら本番を迎える。そんな経験はありませんか？

　長々と私の経験をもとに書きましたが，最近は考えを変えています。やる気は「自然体」で上がり下がりするのが一番だと思い直したからです。

　3週目に入り，「喝を入れよう」と最初からそう思って計画的に指導にあたっている自分がいましたが，それは違うのでは……と思うようになりました。2週目であれ，3週目であれ，子どもたちがやる気を維持していたら別に「喝」を入れる必要はありません。逆に4週目であれ，子どもたち自身が出来栄えに満足していないのであれば，厳しめの言葉をかけることもあります。無理やりこちらの指導の「枠」に当てはめようとすると，子どもたちのよさを押しつぶしてしまうのではないでしょうか。

05 行事は自己実現の場

　行事はやるからには，成功させたいし，見栄えをよくしたいと考えていました。その方が，保護者受けもよいし，教師自身も満足感があるからです。

　もちろん，演技などは失敗するよりは成功させたいですし，クオリティも低いよりは高い方がよいと思います。ですが，場合によっては，それは教師だけが思っていることかもしれません。

　ここで，行事の主役について改めて考えていきましょう。

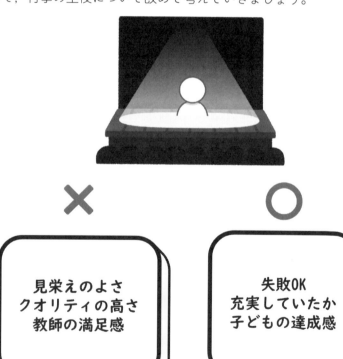

主役は誰なのか

　かつて，「学芸会」が行われていたときに子どもたちに聞いていました。「この劇の主役は誰ですか？」すると「スイミー役をやっているA君かな」などと返事が返ってきます。あるいは，運動会では花形の「応援団長」などが子どもたちの間では主役と思われがちです。ですが，私はそうは思いません。「学習発表会」であれ，「運動会」であれ，行事は子どもたち一人ひとりが自己実現する場だと考えているからです。

　「主役は君たち一人ひとりです。役割は違うけど，それは関係ありません。なぜなら，一人ひとりがよりよく成長するために行事はあるからです。でも，このクラスに1人だけ脇役がいます」

　え？　誰？　となるクラス。

　「脇役は……先生です。先生は表舞台に立つわけではありません。ただし，みんなが活躍できるように全力でサポートします」

　このようなマインドを伝えていきます。教師は脇役と考えているので，「見栄え」「クオリティ」「教師の満足感」にはさほどこだわりません。もちろん，やっていく中で自然と高まっていく分にはうれしいとは思いますが。

　そして，このまま話を続けます。

　「だから，決して『お客さん』にならないでください。『お客さん』とは，見ているだけの人のことを指します。何も考えずになんとなく練習をしていたら，あっという間に日々は過ぎ去ってしまいます」

　「練習であれ，本番であれ，失敗しても大丈夫です。そこから何を学んだかが大切なことなんですよ」

　このように伝えていき「行事は成功させなくては」という考えや「なんとなく与えられた練習をやっていればいい」というマインドを変えていきます。「失敗してもいい」というのは，なかなか難しいことです。ですが，「自分の力で成長した」と実感することが自己実現へとつながっていきます。

06 子どもの「主体性」を 大切にする

　学校行事は年間の計画の中に組み込まれているものです。ですので，「やるか，やらないか」を話し合う場はクラスの子どもたちとの間には設けられず，「やること」は決まっているのです。では，子どもたちに行事のことを伝えるときはどうでしょうか。「明日から，運動会の練習が始まります。やる競技は○○で演技は○○です。そのために，〜をがんばってやっていきます」この伝え方で主体的になれるかというと……。

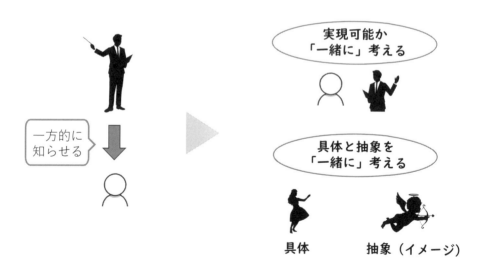

「一緒に」をキーワードにする

　行事をやる際，「決まっていること」は子どもたちに伝えなくてはいけません。運動会なら，競技や演技のあり方について。学習発表会なら，どの単元をどのような形で誰に向けて発表するのかについて。

　でも，ここでもストップして考える余地はあります。「例年，この競技をやっているけど，今年は別の形式のものでもいいのではないか」「学習発表会では，ポスターセッションだったものをタブレットを活用した発表に切り替えてもいいのではないか」このような具合で，アップデートできることは多々あります。

　ここで大切だと感じているのが，これらのことを「教師主導で伝えない」ことです。「教師主導」だと「主体性」が育まれないからです。

　まずは，子どもたちに投げかけます。「この前伝えたように主役は君たちです。やりたいことを一緒に考えてみませんか」

　このように問いかけてアイデアを出してもらいます。そのときに以下の2点に気をつけています。

①「アイデアが実現可能かどうかは先生たちも真剣に考えること」

　実現可能かどうかについては，他の学年との兼ね合いや，学校にもとからあるルールとの整合性がとれているかどうかなどで変わってくるということを先に伝えておきます。

②「アイデアは具体的なものから抽象的なものまでオッケー」

　具体的なものとは，「集団演技でフラッグをやりたい」「○○というアーティストの～という曲を使って踊りたい」などです。

　しかし，具体的な案だけだと合意形成が図りにくいので，抽象的なものも聞いていきます。「見ている人があたたかい気持ちになれるもの」「成長を感じられるダンス」などです。

　これらを盛り込み，何をどうするかのアイデアを一緒に固めていきます。

07 振り返りで見つめ直す

　練習を積み重ねて，やりきった行事。それはもう，充実感に満ちあふれていることでしょう。大人も子どももうれしい気持ちでいっぱいですね。

　さて，やりきった後のことですが，みなさんはどうされているでしょうか。行事が終わったらそれで終わり！ということもあるかもしれませんが，もったいないです。行事の達成感を子どもたちの成長につなげるなら，最後の仕上げが必要です。

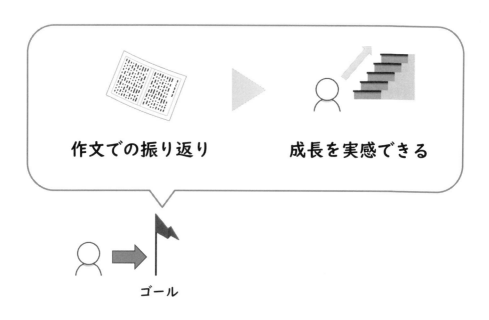

作文での振り返り　　成長を実感できる

ゴール

言語化することで意識化できる

　人は言語化することで，そのことを意識することができるようになります。
それを実感するために，このように問いました。

　「得意なことが言える人？　お！　跳び箱ですか。では，跳び箱を跳ぶと
きのコツが言えますか？」

　「手をなるべく前につきます。目線は前です。腰は高く上げます」すらす
らと答えるＡ君。

　「今，Ａ君は跳び箱を跳ぶときのコツをすらすらと言うことができました。
言うことができたことは次のときも意識することができます。逆に言うこと
ができないことを人は意識することができないんです」

　「では，今回の運動会で『自分が成長したな』ということを作文にまとめ
ていきましょう。練習のこと。準備のこと。本番のこと。それらすべてをひ
っくるめての『成長ポイント』を書いてください。自分で言葉にして書けた
ことは今後も意識できますよ」

　このように伝えて言語化していきます。クラスの実態にもよりますが，い
きなり作文にすることが難しそうな場合は，まず話し合いをするところから
スタートします。

　いずれにせよ，言語化することで，成長を意識化できるというねらいをも
ってやっていきたいものです。

　このようなねらいをもって作文を書かせているので，「楽しかった運動会」
よりも「成長できた運動会」の方がよいと思っています。

　もちろん作文に「思い出」を書くのもオッケーとしていますが，「思い出」
のみで終わってしまったら「成長」にまではつながらないと思っています。
できあがった作文は，道徳のファイルに挟むなど，何かしらの形で残してお
き，「成長」を後でも振り返ることができるようにしていきたいです。

保護者との関係づくり

01 1年生の保護者は，保護者1年生

　小学校1年生の担任になりました。1年生では，子どもたち相手に丁寧に，いろいろなことを教えていきます。鉛筆の持ち方。字の書き方。給食の用意や掃除の仕方。

　でも，ここで考えてほしいのは，保護者のことです。上に兄弟がいない場合は，保護者も「保護者1年生」なんです。小学校はわからないことだらけです。では，どのように接していくのかというと……。

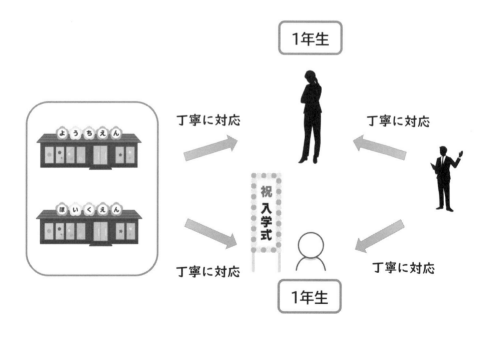

不安な気持ちを受け止める

　幼稚園や保育園の先生は本当に丁寧です。1日にあった出来事を詳しく連絡帳に書いてくださったり，電話をくださったりします。

　では，小学校はどうかというと，日々の業務に追われて，なかなかそのように個別に連絡をとるのは難しいです。

　そこで，おたよりでクラス全体の保護者に担任の考えを知らせたり，準備物をお願いしたりするわけですが……まず，もっておいた方がよいのは，「小学校が初めての方が見てわかるか」という視点です。ついつい「これは書かなくてもわかるだろう」と省略してしまうことがありますが，それでは伝わらないのです。

　あるとき，上の学年をもったときに使った文章をそのまま載せたことがありました。すると，保護者から「どういうことですか」と説明を求められました。これは，こちらの落ち度だったので，すぐに説明しにいき，理解してもらいました。実は，このようなケースは多々あるのです。

　連絡帳にずらずらと怒りや不安が長文で書かれていることがあります。私自身も2ページを超す長文をいただいたことがありました。若手の頃は，その連絡帳を見て，「あぁ，やってしまった」と自分を責めていました。

　経験年数が長くなるにつれて，そのような連絡帳がきたときは，「あぁ，この方も不安なんだな」と受け止められるようになってきました。すると，不思議なもので，その後の関係がよくなることが増えてきました。

　若手のときに，嫌だなと思って連絡帳を見ていたときは，心に距離ができてしまって，自分を守ろうというマインドになっていたのだと思います。今は，そのような連絡帳を見ると，「なんとかしてあげたい」というマインドが働くので，その後の行動も変わってきます。こちらの捉え方次第で保護者との関係性が好転するのが，おもしろいところです。

02 保護者からの信頼を得るには

　教室でのトラブルは100％発生します。これは，間違いないことですし，このように考えておくことで気が楽になります。

　トラブルが起こったときにどのように対応するかで，保護者との信頼関係が変わってきます。

　特に気をつけたいのが「初動」です。トラブルが起こったときに，教師がどのように行動するかで，関係性が変わってきます。

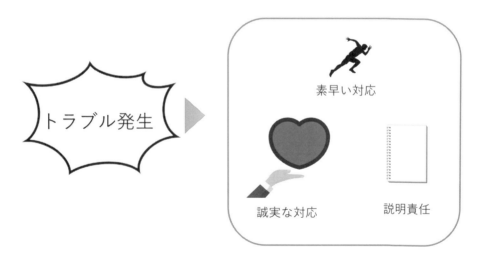

初動ですべてが決まる

　教室でトラブルが発生した。これは仕方ないことです。そこから，どのように動くかがカギです。

　ケンカが起きたときを例に考えてみましょう。まずは，双方の言い分を聞き取りますよね。そこで，意識したいのが双方の納得感です。子どもからも保護者からも信頼感を失ってしまうのが，納得していないのに謝ったというケースです。トラブルの早期解決は大切ですが，納得していないのに形だけ謝罪させるのは，一番やってはいけないことです。

　なので，話し合いをした後は，双方にしつこいくらい確認が必要です。「自分の言い分は相手に伝わったのか」「他に言い残したことはないのか」この2点は必ず確認します。

　そして，放課後に保護者に連絡するわけですが，教師には説明責任があります。そこで説明するのですが，出来事については「事実」を伝えるということを意識します。教師の主観が入らないように気をつけます。

　アフターフォローも大切だと考えます。「今回は○○というトラブルが起きて，ご心配をおかけしました。〜という指導をして（話し合いを通して）今後についても確認しました」という具合です。今後についても話すことで誠実さが伝わるのではないでしょうか。

　さて，これらのことを「いかに早く対応できるか」ということを意識しておきたいですね。日をまたいでしまうと，話がこじれる可能性が高くなってきます。なぜなら，子どもの言い分が変わってくるからです。

　初動を間違えなければ，トラブルが起きてから解決，保護者への報告で大きく関係が悪くなることはほとんどないと言っても過言ではないでしょう。

　逆に，「これくらいは大丈夫だろう」という考えや，「少し後になってから解決しよう」という考えは危険です。少しのズレは，放っておくと大きな溝になってしまうからです。初動は大切にしたいものです。

03 懇談会のもつ意味とは

　さて，みなさんは「懇談会」に対して，どのようなイメージをもっている
でしょうか。懇談会の「懇」という字。普段，あまり使う機会はないですよ
ね。

　辞書で「懇ろ」を調べてみたら，次のように載っていました。

①心がこもっている様

②親密になること

　どちらも大切なことだと思うので，次ページで解説します。

懇ろ ねんごろ

①心がこもっている様

②親密になること

保護者と教師

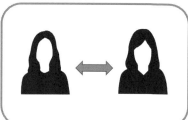

保護者同士

懇談会はコストパフォーマンスが高い

コロナ禍における話です。感染者はそこまでいないけれど，念のために，懇談会を開くかなくすかという会議が行われていました。結果，懇談会はなくなりました。会議が終わったときに「懇談会がなくなって助かったわ」という声が聞こえてきました。はたしてそうでしょうか。

我々が授業の中でいくら工夫しても，あるいは，子どもへの素敵な話をしても，保護者に伝わるのはほんのわずかです。なぜなら，それらのことは，子どもを通して伝わるからです。そこで，学級通信を発行して伝えることになるのですが，学級通信は文字ベースなので伝わりにくいこともあります。

懇談会では，保護者と直接話すことができます。時間を割いて準備することになっても，懇談会はコストパフォーマンスが高いといえるでしょう。なぜなら，懇談会で話すことによってこちらの方針が伝われば，その後トラブルが発生して連絡したときに理解してもらえる可能性が高まるからです。

懇談会は上記の理由から大切にしたいのです。なので，準備をせずに懇談会に臨むというのは，私はもったいないと考えています。

そこで，①「心をこめる」ということを大切にします。これは，準備にあたります。詳しくは次項以降で紹介していきます。

②「親密になること」というのも大切にしています。これに関しては，保護者にも紹介します。「『懇』にはどのような意味が入っていると思いますか。実は親密になることという意味があります」このように話をして，懇談会をスタートします。

学級懇談会は，保護者と保護者をつなぐ意味が大きいです。ここでつながることができたら，いざというときに，トラブルも円満に解決することができます。

そして，保護者と教師の関係性ができていたら，協力しやすくなります。

04 個人懇談会①
説得力を増すために

　個人懇談会は，保護者に子のがんばりを伝える貴重な機会ですね。話をしている中で，悩みごとを相談されることもあると思います。また，課題を伝えるときもありますよね。そんなときに，説得力のある話ができるかどうかで信頼感が変わってきます。

　説得力のある話をするために，下図のようにして情報を得ることを大切にします。そして伝えるときには……。

情報を得る　　　　　　　　　　　　信頼感UP

読書　　話を聞く

新聞　　動画

成長の軌跡　　データで示す

知識や経験で信頼感がアップする

　個人懇談会は，たったの15分です。でも，その15分を確保するために，保護者は仕事を抜けて，調整して……ということも頭の片隅に置いておかねばなりません。せっかく学校に足を運んでくださったのに，「よくわからない話だな」となってしまうともったいないです。

　では，どうすれば説得力のある話ができるのか。1つは「知識」で語るということです。

　「うちの子，ドリルに飽きてしまい，なかなかやらないんですけど……」という質問に対しては，「お子さんは，1冊の本をじっくり読む派ですか。それとも，いろいろな本を並行して読む派ですか。前者は『保全型』，後者は『拡散型』といいます。『保全型』の子は，ドリルのレベルを簡単にして基礎基本を徹底して，解ける喜びを味わわせてください。『拡散型』の子は，少し難しくしてよいでしょう。ゲーム感覚で点数がどれだけ上がるかを試すとやる気が出ますよ。また，ドリルは前からでなく，おもしろそうと感じるところからやっていった方がやる気が持続しますよ」（古野俊幸著『ドラゴン桜とFFS理論が教えてくれる　あなたが伸びる学び型』日経BPより）

　このように，本などで学んだ知識で語ります。

　いつも知識で語れるとは限りません（質問がありそうなことに関しては，事前に学んでおく方がよいと思いますが）。そんなときには，経験で語ります。「成績がふるわない子がいました。その子は丁寧にコツコツ努力する子でした。それでも，なかなか成績は伸びませんでした。でも，あるときを境に成績はぐんぐん伸び始めたんです。試験でいうと900点が満点のテストで200点分，実力を伸ばしました。実は，成績は徐々に伸びるのではなく，あるとき『壁』を乗り越えて急に伸びます。これは私の大学受験のときの話です」

　教師自身の話や，これまで受け持った子の話は説得力があります。

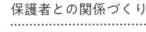

05 個人懇談会②
伝え方を工夫する

　個人懇談会では，子どものよいところと課題を伝えますよね。私は，課題をなかなか伝えることができず，せっかくの懇談会でほめるだけで終わってしまうことがありました。これでは，次に生かせませんよね。

　逆に，課題をストレートに伝えて，保護者との関係性が悪くなったというケースも聞きました。言っていることは正しくても，伝える側に配慮がなければ，そうなってしまうことがあるのも仕方ありません。

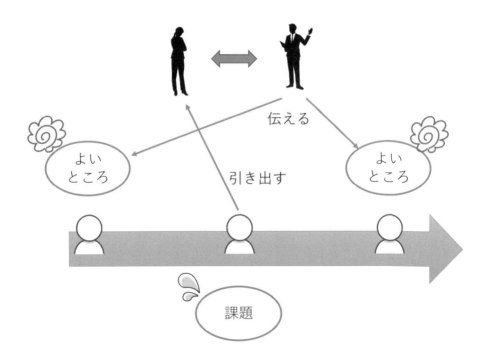

伝え方はサンドイッチの法則で

　さて，懇談会が始まりました。時間はないですが，私はまずは天気の話をして様子を見ます。そこで，「最近は暖かくなりましたね。先週までは～」のように話を広げてくださるタイプなら話を引き出していこう。逆に，「ええ，そうですね」くらいで切り上げるタイプならこちらが主導で話を広げていこう。このような感じで進め方を少し変えています。

　流れとしては，図のように進めています。まずは，よいところを伝えます。このときに意識したいのは「具体性」です。なんとなくでよいところを語るのではなく，その子のエピソードを語りたいものです。そのためには，教師のノートにメモをとっておくことを大切にしたいですね。

　また，「ノート」などの成果物を見せるのは有効です。私は道徳のノートを見せることが多いです。なぜなら，道徳のノートは，自分の考えや価値観が書いてあるので，成長が見えやすいからです。

　次に課題を引き出していきます。「家では，お子さんは返却されたテストを見せていますか？」まず，このように聞きます。すると，「ええ，最近算数の調子がよくないみたいで……」のように，我が子の課題について話をしてくださることが多いです。そこで，「そうですね。算数については，○○の学習でつまずきがあったので，～のように復習できるようにしていきたいです」と話をつなげていきます。生活面では，「学校から帰ってから，おうちではどのようにお過ごしですか？」と聞きます。「なかなか宿題をしなくて～」などの話を待ってから，「実は学校でも，似たような場面が少しありまして～」と伝えていきます。「引き出す」ことで，やわらかく伝えることを意識します。

　最後にもう一度，とっておきのエピソードでほめて終わります。最後に話したことは特に記憶に残ります。よいところのサンドイッチで伝えると，全体的に前向きな話が多い懇談会だったなという印象になります。

06 学級懇談会は Cafe ライクで

　「懇談会」と聞くと，身構える保護者もいらっしゃるという話を聞きました。子どもたちの中に話をするのが苦手な子がいるように，大人にも話をするのが苦手な方はいますよね。

　私の母が「堅苦しい話や，難しい話ばかりの懇談会は嫌だ。懇談会が近づくと憂鬱だった」と言っていました。懇談会を開いている担任の立場としては，そうはなりたくないですよね。そのためには……。

子育てビンゴ

選ぶ

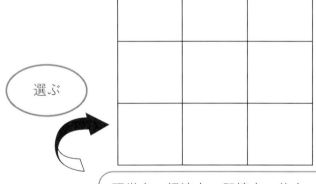

語学力　経済力　記憶力　体力
コミュニケーション力　決断力
行動力　意志力　家事力　交渉力
計画力　提案力　実行力　発信力

「またきたい」と思えるような学級懇談会とは

「教師ばかりが難しい話を延々としてしまう」これが，一番避けたい懇談会だと思っています。ということは，その逆の懇談会を目指せば，居心地のよい懇談会になりますよね。

ある保護者は，「みんなの前で話すのが緊張します」とおっしゃっていました。全体で輪になって話すのもよいのですが，緊張感をなんとかできないものかと考えていました。

そこで，「Cafe ライクな懇談会」を意識して組み立てていくことにしました。まず，緊張をほぐします。「懇談会の懇は親密になるという意味があります。なので，私は Cafe のように気軽に話せて，親密になれる懇談会を目指しています。手始めに，BGM を流させてください。コーヒーは……残念ながら用意できませんでした！」このような感じで穏やかな BGM を流しながらリラックスできる雰囲気をつくっていきます。

その後は，私が話す際は全体に向けて話しますが，そうでないときは４人グループで話すようにしてみました。そのときにしたのが「子育てビンゴ」という取り組みです。９マスの四角をかいた紙を用意し，下には「子どもにつけていきたい力」という選択肢を用意します。大切なものを選び（自分で考えたものでも OK），マスに書いてもらいます。あとはグループの中で順番に「なぜ，○○力を選んだのか」というトークをし，同じものを選んでいたらチェックを入れてビンゴを楽しむというものです。

やってみたら大盛況！　話はとても盛り上がりました。そして，私はグループでの話を聞いておき，最後に全体に話を共有しました。

ちなみに，ビンゴになった人には「イラスト係」がかいたイラストや「かざり係」がつくった折り紙の景品をプレゼントしました。つくった子には名前を書いてもらっていたので，家に帰ってからまた話が盛り上がるというしかけです。Cafe ライクな懇談会ではほっこりとした時間が流れますよ。

07 懇談会は＋１のおみやげを

　学級懇談会は「きてよかったな」「また参加したいな」って思ってもらえるようなものを目指しています。

　どんなにたくさん準備をして，保護者とよい関係を築こうと思っていても，そもそもの参加率が低かったら，それは難しいですよね。

　共働きが当たり前の時代なので，参加率を上げるのは難しいのですが，参加できる保護者には参加してもらいたいなという思いがあります。

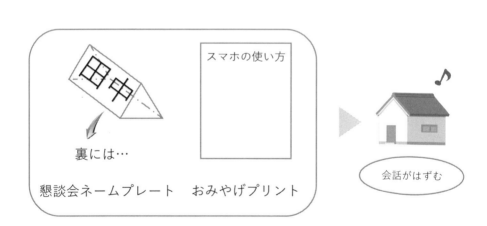

スマホの使い方

裏には…

会話がはずむ

懇談会ネームプレート　　おみやげプリント

142

参加率を高めるには

　懇談会の参加率は高まった方がよいと考えています。なぜなら，そこで直接話すことで，親密になれたり，担任の考えが伝わったりするからです。

　私が一番悲しくなるのは，予定がないのに，授業参観が終わったら，子どもと一緒に帰ってしまうというパターンです。

　これは，こちら側のアピールが弱かったのが原因だと思っています。「話を聞いてもためにならない」と判断されたということもあるのでしょうか。

　まず，参加率を高めるためにおたよりを活用します。私は何週かに分けて懇談会のことをおたよりに載せます。まず，1週目は「○月○日○時から学級懇談会があります」のように簡単におしらせします。次の週はテーマを載せます。「高学年でよくあるスマホトラブルとその対処方法についての話をします」や「子育てで悩んでいることをざっくばらんに話せる会にします」といった形で伝えます。そして，3週目はおみやげについておしらせします。「今回は，懇談会後におみやげがあります。お楽しみに！」や「明日から家庭で役に立つ，『スマホの約束』プリントをお渡しします。懇談会で説明しますので，ぜひご参加を！」といった形です。「おたよりを渡すときに，アピールしといてね」と子どもに伝えておくのも有効です。

　ネームプレートの名前は子どもに書いてもらいます。そして，裏に一言メッセージも書いてもらいます。時期によって内容は異なりますが「今，がんばっていること」や「伝えたいこと」などから選んで書いてもらいます。

　このようなおみやげや子育てビンゴなどの景品は，家で会話をはずませるためのしかけです。家で会話がはずむと，子育てや教育について考える時間が増えます。

　懇談会を欠席される方への配慮も，もちろん必要です。翌日におみやげとして用意した資料やネームプレートを子どもに渡して，家で渡してもらいます。少しでも懇談会の楽しい雰囲気を感じてもらえたらと願いをこめて……。

01 1年間を通しての「システム」×「マインド」

	1学期	
ルール	ルーティーン化 / Win-Win	朝の会 帰りの会 システム化
話し方 聴き方	話し合いの3タイプ	聴き方3か条
道徳教育	人生哲学	内面の成長につながる 声かけや価値づけ
授業	ベル課題	10分作文
その他	トラブル対応 素早く，誠実に	個人懇談会では サンドイッチの法則で伝える

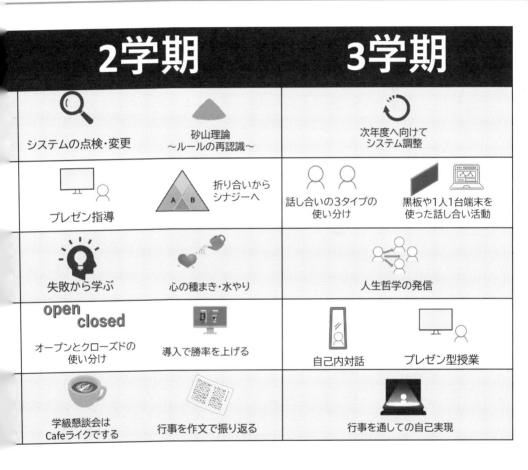

2学期		3学期	
システムの点検・変更	砂山理論 〜ルールの再認識〜	次年度へ向けて システム調整	
プレゼン指導	折り合いから シナジーへ	話し合いの3タイプの 使い分け	黒板や1人1台端末を 使った話し合い活動
失敗から学ぶ	心の種まき・水やり	人生哲学の発信	
オープンとクローズドの 使い分け	導入で勝率を上げる	自己内対話	プレゼン型授業
学級懇談会は Cafeライクでする	行事を作文で振り返る	行事を通しての自己実現	

1〜3学期の「システム」×「マインド」の変遷

いよいよ本書もまとめに入りました。

これまでの「システム」×「マインド」を一覧表にまとめてみました。

読者のみなさまもこれまでの振り返りと思いながら，しばしおつきあいください。

まず，断っておきたいことは，ここに出てくるものがすべてではないということと，学期ごとに分けているのはあくまでも目安であるということです。

さて，1学期から順に見ていきましょう。

まず，1学期は「土台づくり」です。何の土台づくりかという話になりますが，これは，「システム」「マインド」の両方が当てはまると思っています。

例えば，ルールのところを見てください。ルールでは，土台となる「システム」をつくっていきます。授業の流れをある程度ルーティーン化して，見通しをもちやすくしていきます。朝の会や帰りの会も運営しやすい形をこの時点で模索していきます。

ただし，ここで大切なのは，「システムは変わる宣言」をしておくことです。最初につくったシステムが最善のものとは限りません。むしろ，学期を経るごとに子どもたちは成長しているので，それに合わせてシステムも変えていく必要があるでしょう。

そして，1学期に「マインド」の土台もつくっていけたらと考えています。そのために大切にしていることが，「思考のフレームを伝える」ことです。「話し合いの3タイプ」や「聴き方3か条」は，話すためや聴くために大切にしたい枠組みといえるでしょう。また，「人生哲学」や「内面の成長につながる声かけや価値づけ」では，子どもたちの「失敗しても大丈夫」という挑戦する心や「お互いに認め，励まし合う」という支え合いの心の土台をつ

くっていくことを意識しています。

　2学期は，「学級集団」としてのレベルアップを目指していきます。

　「システム」としては，点検・変更が必要とされるでしょう。私は，2学期のはじめに子どもたちに問うことにしています。

　「自分がやっていた1人1役の仕事の中で，もう1人1役に組み込まなくてもよいという仕事はありますか？」このように問うと，子どもたちは自分たちでシステムの改善点を考えてくれるようになってきます。

　ここがポイントだと思っていて，教師である私がシステムを変えることは簡単ですが，実際に運用している子どもたち自身に改善点を考えてもらうことを大切にしたいのです。

　これは，「システム」は自分たちでつくっていくという「マインド」を学ぶことにつながると考えています。

　3学期は，「飛躍」であり「まとめ」でもあります。

　これまで培ってきた「伝え合う」スキルを活かしてプレゼン型の授業を組み込むことが多いです。1・2学期に「話し方・聴き方」のマインドを培ってきたからこそ，プレゼン型の授業で子どもたちは輝けると思っています。

　また，子どもたちからの「企画・発信」という部分にも大いに期待しています。「人生哲学」の発信は，大人である自分が聞いていてもおもしろいものが多いですし，「お楽しみ会」の企画を安心して任せられるようになっていると，うれしく思うものです。

　ただし，ここで1つ気をつけていることがあります。「飛躍」「まとめ」と書きましたが，あくまでも「理想」としてはという枕詞がつきます。

　そもそも，教育は1年で完結するものではありません。小学校・中学校の義務教育だけでも9年間の連続性がありますし，幼稚園・高校・大学を入れれば約20年間あります。力が急激につかなくても徐々についていけばよいという捉えは大事です。次年度にバトンを渡す意識はもっていたいものです。

目の前の子どもの実態に応じてデザインしていく

　さて，1学期から3学期にかけての「システム」や「マインド」を振り返りましたが，これらはその通りの順番で行われているとは限りません。

　学級の実態によっては，取り組みの順番を前後させることもありますし，教師主体で引っ張っていく度合いを高めることもあれば，子ども主体で任せることもあります。

　そして，そもそも「1人1役」をやらない年もあれば，学級目標の決め方が全く違う年もあります。

　これらは，目の前の子どもの実態に応じて変わっていくものだと思います。なので，やりたいことの大枠は頭の中にあるのですが，どんどん変わっていきます。

　さらにいうと，学級経営をする上で考えることは，目の前の子どものことだけではありません。

　学校を異動すると文化が違うので，そこに応じて取り組みを変える必要があるかもしれません。

　ここ数年の話でいうと，1人1台端末が導入されたことや，コロナ禍で活動が制限されたことで，取り組みが従来とは変わったものもあります。

　要するに，どんな「システム」を築いていきたいのか，どんな「マインド」で接していきたいのか（あるいは育みたいのか）ということは，どんどん変化していくのが当たり前だということです。

　これから先は，どんな時代になっていくのかわからない部分もあり，ワクワクしています。私は変化を嫌うのではなく，楽しめるようになりたいなと常々思っています。みなさんはいかがでしょうか。

教育とは答えのない世界を楽しむこと

　みなさんは，学級経営を楽しんでいるでしょうか。

　私は，大いに楽しんでいます。こんな取り組みをしたら，子どもたちはどんな反応をするのかな。こんな語りをすると，子どもたちの心にはどんな風に届くのかな。そのように考えることが楽しいのです。

　さて，「教育とは何でしょうか？」と問われたら，私は「答えのない世界を楽しむこと」と答えるでしょう。（実際にはそんな質問をされたことはないですが……）

　例えば，Ａという指導方法があったとします。その指導方法はクラスの半分の子には有効だった。でも，残りの半分の子には有効ではなかった。このような結果だった場合，Ａという指導方法はよい指導方法？　ダメな指導方法？

　一概に答えを言いきることはできません。まして，日常ではＡという指導方法をＢという語りで伝えて，Ｃという見取り方をして，それを学級の子ども全体に届けて……と複雑にからみ合って学級経営は行われていますよね。

　なので，教育に「ベスト」は存在しないと思っています。だから，本書に書かれていることは決して「ベスト」だとは思わないでください。

　目の前の子どもの実態が変われば，当然こちらが講じる手立ては変わってきます。

　私自身もまだまだ修業中の身なので，どんな「システム」を築けばよいのか，どんな「マインド」で接していけばよいのかは模索中です。

　ただし，「ベスト」はなくても，「ベター」は存在すると思っています。

Aという指導方法とBという指導方法のどちらがより子どもたちの成長につながったかということは，比べることができると思うからです。

　それを探るための日々を苦しいと思うのか，楽しいと思うのか。そこは楽しめた者勝ちだと思っております。なによりも楽しく働いた方が，人生も楽しくなりますしね。

　つらつらと思いを書きましたが，私はこの先の教員人生でも「ベター」を模索し続けると思います。本書を読まれたみなさまはいかがでしょうか。

　スティーブ・ジョブズの言葉に次のようなものがあります。
　「先人たちが残してくれたあらゆるものに感謝しようとしてきた。
　　そして，その流れに何かを追加しようとしてきた。
　　そう思って私は歩いてきた」

　読者のみなさまにとって，参考になる部分が少しでもあり，あなたの「学級経営」の物語の一部となってくれれば，私としては，これほどうれしいことはないと思っています。

　最後までおつきあいいただき，ありがとうございました。

　自身の教師人生を振り返りながらの執筆で，期間が長くなりました。

　完成できたのは，明治図書出版の茅野現様，朝活でご一緒に学ばせてもらっております中島征一郎様，ならびに，たくさんの場面で支えてくださっている勉強仲間たちのおかげだと思っております。本当にありがとうございました。

森岡　健太

【著者紹介】

森岡　健太（もりおか　けんた）

1987年生まれ。京都府公立小学校教諭。神戸大学発達科学部卒（教育学部）。初任校での，道徳の公開授業失敗をきっかけに，道徳の研究に目覚め，市の道徳教育研究会に所属する。10年以上，道徳の授業づくりを研究し，現在は勤務校で道徳教育推進教師を担っている。また，研究主任として，校内の教員が主体的に研究に取り組めるようにと奮闘中。

著書に『おもしろすぎて授業したくなる道徳図解』がある。

おもしろすぎて子どもに会いたくなる
学級経営図解

2023年1月初版第1刷刊 ©著　者	森　岡　健　太	
2024年1月初版第4刷刊　　発行者	藤　原　光　政	

発行所　明治図書出版株式会社
http://www.meijitosho.co.jp
（企画）茅野　現（校正）嵯峨裕子
〒114-0023　東京都北区滝野川7-46-1
振替00160-5-151318　電話03(5907)6702
ご注文窓口　電話03(5907)6668

＊検印省略　　組版所　藤　原　印　刷　株　式　会　社

Printed in Japan　　　　ISBN978-4-18-267421-1
もれなくクーポンがもらえる！読者アンケートはこちらから